2011年度江苏省高校哲学社会科学研究重大项目（2011ZDAXM015）

江苏现代化转型中民主政治发展与政治稳定关系研究

王庆五　王金水　等著

中国社会科学出版社

图书在版编目（CIP）数据

江苏现代化转型中民主政治发展与政治稳定关系研究/王庆五，王金水等著.—北京：中国社会科学出版社，2015.11
ISBN 978-7-5161-7275-9

Ⅰ.①江… Ⅱ.①王…②王… Ⅲ.①民主政治—关系—政治稳定—研究—江苏省 Ⅳ.①D675.3

中国版本图书馆 CIP 数据核字（2015）第 296746 号

出 版 人	赵剑英	
责任编辑	徐 申	
责任校对	张爱华	
责任印制	王 超	

出　　版	中国社会科学出版社	
社　　址	北京鼓楼西大街甲 158 号	
邮　　编	100720	
网　　址	http：//www.csspw.cn	
发 行 部	010-84083685	
门 市 部	010-84029450	
经　　销	新华书店及其他书店	
印刷装订	北京金瀑印刷有限责任公司	
版　　次	2015 年 11 月第 1 版	
印　　次	2015 年 11 月第 1 次印刷	
开　　本	710×1000　1/16	
印　　张	11.25	
插　　页	2	
字　　数	166 千字	
定　　价	45.00 元	

凡购买中国社会科学出版社图书，如有质量问题请与本社营销中心联系调换
电话：010-84083683
版权所有　侵权必究

目　　录

第一章　绪论 …………………………………………………………（1）

第二章　转型阶段政治发展中影响政治稳定因素的研究综述 ……（5）
　第一节　相关概念的界定 …………………………………………（5）
　第二节　法治现代化进程中影响政治稳定的因素 ………………（9）
　第三节　政治文化发展进程中影响政治稳定的因素 ……………（11）
　第四节　政府改革相关方面在政治发展中
　　　　　影响政治稳定的因素 ……………………………………（13）
　第五节　政治民主推进的过程中影响政治稳定的因素 …………（17）

第三章　政治发展与政治稳定的逻辑关系 ………………………（21）
　第一节　政治发展与政治稳定的相关理论及研究现状 …………（21）
　第二节　政治发展与政治稳定的逻辑关系 ………………………（26）
　第三节　在一国区域内政治发展与政治稳定分析的重要性 ……（29）

**第四章　江苏现代化转型中政治发展与政治稳定的特点
　　　　　及成因剖析** ……………………………………………（33）
　第一节　江苏现代化转型中政治发展与政治稳定的历程 ………（34）
　第二节　江苏政治发展和政治稳定的特点和原因分析 …………（47）

第三节　江苏现代化转型中政治发展与政治稳定的
　　　　　　特点及原因 …………………………………………（54）
　　第四节　江苏现代化转型中影响政治稳定的因素剖析 ……（74）

第五章　构建促进协调江苏政治稳定发展的环境和机制 …………（87）
　　第一节　在"两个率先"进程中构建江苏政治稳定
　　　　　　发展的环境 ……………………………………………（87）
　　第二节　构建具有江苏地域特色的政治稳定机制 ………（106）

参考文献 ……………………………………………………………（125）

附件一　南通现代化进程中民主政治发展与政治稳定的关系
　　　　调查问卷（干、群混合卷） ………………………………（130）

附件二　苏州现代化过程中影响政治稳定因素的调查问卷 ……（135）

附件三　苏北现代化转型中的政治发展与政治稳定
　　　　——以淮安为例 …………………………………………（143）

附件四　启东"7·28群体性事件"分析 ……………………………（164）

后　　记 ……………………………………………………………（174）

第一章

绪　论

党的十八大报告提出全面建成小康社会和全面深化改革开放的目标：全面建成小康社会，必须以更大的政治勇气和智慧，不失时机深化重要领域改革，坚决破除一切妨碍科学发展的思想观念和体制机制弊端，构建系统完备、科学规范、运行有效的制度体系，使各方面制度更加成熟、更加定型。强调加快推进社会主义民主政治制度化、规范化、程序化，从各层次各领域扩大公民有序政治参与，实现国家各项工作法治化。加快形成科学有效的社会管理体制，完善社会保障体系，健全基层公共服务和社会管理网络，建立确保社会既充满活力又和谐有序的体制机制。十八届三中全会强调全面深化改革，全会提出发展社会主义民主政治，必须以保证人民当家作主为根本，坚持和完善人民代表大会制度、中国共产党领导的多党合作和政治协商制度、民族区域自治制度以及基层群众自治制度，更加注重健全民主制度、丰富民主形式，充分发挥我国社会主义政治制度优越性。要推动人民代表大会制度与时俱进，推进协商民主广泛多层制度化发展，发展基层民主。全会还提出创新社会治理，必须着眼于维护最广大人民根本利益，最大限度增加和谐因素，增强社会发展活力，提高社会治理水平，维护国家安全，确保人民安居乐业、社会安定有序。要改进社会治理方式，激发社会组织活力，创新有效预防和化解社会矛盾体制，健全公共安全体系，设立国家安全委员会，完善国家安全体制和国家安全战略，确保国家安全。十八届四中全会提出，面对新形势新任务，我们党要更好统筹国内国际两个大局，更好维护和运用我国发展的重要战略机遇期，更好统筹社会力量、平衡社会利益、调节社会关系、规范社会行为，使我国社会在深刻变革中既生机勃勃又井然有序，实现经济发展、政治清明、文化昌盛、社会公正、生态良好，实现我国和平发展的战略目标，必须更好发挥法治的引领和规范作用。

  本研究立足于改革开放以来中国特色社会主义在江苏的成功实践，结合江苏现代化建设实践来考察民主政治发展与政治稳定的良性互动关系，具有重要的理论意义和实践价值。其一，从理论上来说，当前中国学界对民主政治发展与政治稳定的关注主要是发生在改革开放以后特别是20世纪90年代以来中国推进现代化进程的现实中，研究的主要关注点还停留在对西方理论的引介和借鉴层面，在宏观上的说理较多，微观的深入考察特别是实证研究还比较缺少。以一个省份的现代化推进过程来考察其民主政治发展与政治稳定的双向互动尚属首例。因此，以江苏现代化进程中的政治发展与政治稳定的关系为观察点，探索民主政治发展与政治稳定的机制，不仅是对构建中国特色社会主义政治发展理论的贡献，也是对西方政治发展理论研究的丰富和发展。其二，从实践上来说，江苏属于发达地区，在以往的现代化进程中政治发展对于江苏的快速发展和实现两个率先起着极为重要的作用，总结江苏在现代化进程中推进政治发展，实现政治稳定的经验，在全国来说具有一定的示范和导向作用。这一课题的研究对于推进制度创新，建立中国特色的社会稳定机制，将政治发展和政治稳定统一于中国特色社会主义事业的伟大实践之中，有着重要的实践价值。

  本研究的基本思路为：（1）从理论层面应用相关理论分析江苏现代化转型中民主政治发展与政治稳定之间的机理，探索在目前体制环境下政府有效的治理机制。（2）从实践层面研究现代化转型中政治危机的产生及其影响，论证政治不稳定对江苏转型时期政府治理与公共政策所构成的现实挑战以及构建政治稳定机制的紧迫性和必要性。（3）从技术层面运用情报学和系统分析的相关方法，通过设定临界状态和临界值等方法，对影响政治稳定的相关因素进行预警，一旦超过临界值就会自动报警。（4）在静态结构框架分析的基础上，对政治危机生成和发展的预警、应急决策、分级响应和应急联动等动态过程进行深入剖析，探索符合江苏实际的政治稳定机制。

本研究属于综合研究，兼有基础研究和实证研究的特色，其主要研究方法如下：

（1）方法论。实证研究与理论研究相结合，借鉴国内外已有的理论成果，对民主政治发展与政治稳定关系的研究不能只停留在理论的假设阶段，必须进行深入的实证调查，以大量的数据、现象、事件来进行验证；同时，实证研究不能只满足于数据的堆积、现象的描述，还必须进行抽象以得出一般性规律，探求相应的政治稳定机制和政府治理理论。

（2）具体方法。定量方法：①指标法，用于建立政治风险预警指标体系；②问卷调查法，选择苏南、苏中和苏北的一定数量的个案进行排序；③模型拟合法，用于拟合政治风险曲线、建立风险预警的图示机制。定性方法：①实地调查法。用于研究政治风险的形成、放大和传递机制；②内容分析法。用于对影响政治稳定案例的搜集、分类与编码；③事件过程法。用于政治危机事件的过程重建；④制度认知法。用于机制的政策评估、设计和认知的交互分析。

按照现代民主政治发展的内在要求，结合江苏现代化转型中政治稳定对转型时期政府治理的影响和挑战。本研究拟以江苏民主政治发展的视角入手，以增强现代化转型中政府治理能力为出发点，分析江苏政府管理和公共政策实践过程中滋生的影响政治稳定的危机事件，综合运用政治学、管理学和社会学的相关理论，构建江苏现代化转型中民主政治发展与政治稳定机制，并对这一机制的理论基础、研究框架、运行机制和效能评估等方面进行分析、探讨和设计。

首先，分析政治发展与政治稳定之间的逻辑关系，论证江苏现代化转型中民主政治发展过程中导致政治稳定危机的诱因、影响及危害程度。其次，本研究在调研中选择了苏南（苏州）、苏中（南通）、苏北（淮安）三个地区作为重点调研对象，充分研究目前影响政治稳定的危机事件中不同主体的心理倾向与行为选择，进行归类和甄别。再次，充分论证江苏在改革开放和转型发展中政治稳定呈现的状态，在全国所处的地位和产生的影响。最后，论证江苏转型过程中危机治理的相关主体及其责任范围，一方面，要加强江苏的政治发展；另一方面，如何维护政治稳定，这需要构建江苏政治稳定的有效机制，对江苏现代化转型中民主政治发展与政治稳定机制进行策略设计和工具选择。

第二章

转型阶段政治发展中影响政治稳定因素的研究综述

第一节 相关概念的界定

一 政治发展的概念

对于政治发展的概念，近现代以来学术界并没有达成普遍共识，但是这并不影响学术界关于政治发展的研究。

国外方面，关于政治发展的概念大致可以归为两种定义范式。一种是目的指向论定义。如派伊认为，政治发展包括政治体系组织结构的分化、政治体系能力的提高和公民政治参与意识的增强；亨廷顿认为，政治发展包括权威的合理化、政治结构的重组和政治参与的扩大；阿尔蒙德认为，政治发展的程度涵盖三个相关的变量，即角色分化、次级体系自主化和文化的世俗化。另一种是过程指向论定义。如福山认为，政治发展是后发国家趋向西方国家政治制度的过程，西方的自由民主制度是人类政治的最佳选择，也是最后的形式；科尔曼认为，政治发展是传统的政治体系向现代政治体系的过渡、是人们在新的政治生活中发挥创造力的过程等。

国内方面，关于政治发展概念的定义，中国学术界大致可以分为单向度、双向度、多向度研究范式。1. 政治发展的单向度定义。王沪宁认为，政治发展意味着民主精神的弘扬和升华，意味着民主原则和民主制度的建立与普及；徐勇认为，政治现代化是当今世界政治发展的最终目标；于建嵘认为，中国政治发展是一个从行政控制走向法律的社会控制的过程；台湾学者陈鸿瑜认为，政治发展是一个政治系统在历史演进过程中，其结构渐趋于分化，组织渐趋于制度化，人民的动员参与支持渐趋于增强，社会愈趋于平等，政治系统的执行能力也随之加强的过程。2. 政治发展的双向度定义。吴志华认为，广义上是指政治体系向更高级形态的变迁过程；狭义上是指现代化过程中的政治变迁。陈尧认为，广义上是指政治系统向更高级形态变迁的过程；狭义上是指政治体系内部结构、体制、功能和运作的科学化、合理化。李元书认为，政治发展是指各民族国家在政治参与不断扩张中稳定运转，通过扬弃代价，以寻求不断发挥人的政治潜能的政治体制和政治生活方式的过程，以及这些体制和生活方式的生长过程。3. 政治发展的多向度定义。王惠岩认为，政治发展应包括三个层次：第一，谁来统治或管理；第二，怎样统治或管理；第三，管什么。龚上华认为，政治发展主要包括政治文化的世俗化和合理化、政治结构的分化和专化、政府能力的提高和权力扩展三个方面。韩磊认为，政治发展主要包括政治合法性基础的扩大、政治制度化水平的提高、政治参与机会的增加、政治民主的扩展、政治文化的改造以及公民自由权利内容的丰富等。

  从以上对政治发展概念的比较分析中我们可以看出，政治发展的定义丰富多元而且很难界定。目前中国学术界没有统一的政治发展概念，但是，至少有一点是可以明确的：政治发展是政治领域的发展，通过改革而不断完善的进步过程。如王浦劬所说，政治发展是指政治关系的调整和变革，主要是国家行政与法律方面的发展，即现代行政组织、行政秩序与法制的发展，是政治系统的能力提高的过程。再如俞可平教授所说的，政治发展是为实现既定政治目标而推行的所有政治变革，是一个走向善治的过程；中国的政治发展，就是与中国特色社会主义现代化进程相适应的全部政治变革，包括改革和完善人民代表大会制度、中国共产党领导的多党合作和政治协商制度、民族区域自治制度和基层社区自治制度、政府行政管理制度、党内民主制度等。因此，政治发展应当主要包括与政治相关的全部变革如**法治建设的完善、政治的社会化、政府体制改革、政治民主的完善、政治参与的不断扩大以及公民社会的发育成熟**等，包括政治民主化、制度化、程序化、法治化和高效化。

二 政治稳定的概念

目前，对政治稳定概念的定义，学术界并没有定论。

国外方面，对政治稳定概念的定义可以归为三个方面。1. 政治体系秩序和连续性说。亨廷顿认为，政治稳定主要包含秩序和连续性两个基本要素，秩序意味着政治体系相对来说不存在暴力、压抑或体系的分裂；连续性意味着政治体系的关键成分相对说来不发生变化、政治演进的中端、主要社会力的消失以及企图导致政治体系发生根本改变的政治运动，并认为政治稳定取决于制度化和政治参与的比例，以及政治体系中政党的力量、权威的政治结构对政治稳定的作用。哈勃等人认为，当政治体系的连续性无法得到维持时，它就是不稳定的。当人们发现通过参与政治体系的途径来实现利益并非有效时，他们就会求助于体系之外的途径来实现利益。如果政府不能应对这种挑战，政治不稳定就产生了。2. 政治系统平衡说。伊斯顿将系统论引入政治稳定研究，认为政治系统分析的核心问题就是政治系统如何解决其持续、适应、调整和稳定的问题；并将政治系统的稳定视为输入和输出的不断平衡，如果政治系统能通过结构或文化的调节把分散的需求或支持变成综合需求，并有效输出且不断循环，就可以实现政治系统的存续和稳定。通过这样的分析，他认为政治稳定在于政治系统有能力承受外部环境对系统的压力。阿尔蒙德认为，政治不稳定产生于政治体系的能力和社会要求之间的脱节，该脱节一方面来自构成政治体系的体系、过程和政策之间的动态平衡被打破；另一方面来自该体系的政治文化和政治结构发生变化。他认为，政治不稳定的主要原因有：政治合法性危机、国家认同危机、社会集团间的关系疏远、利益表达渠道问题、政治体系对政治参与扩大不能有效回应以及政府公共政策的失误等。3. 个体价值期望和社会价值能力的统一说。戴维斯从社会心理学角度分析了政治稳定问题，认为政治不稳定产生的原因是人们的期望值和满足感之间的差距较大。格尔进一步发展了这一思想，提出了相对剥夺理论，即每个人都有某种价值期望，而社会具有价值能力，当社会变迁导致社会的价值能力小于个人的期望值时，人们就会产生相对剥夺感。根据这一理论，当社会成员广泛有被剥夺感时，价值期望与价值能力的背离加剧，政治不稳定最有可能发生。

　　国内方面，对政治稳定概念的界定大致有以下四个方面。1. 政治体系认同说，即认为政治稳定指政治体系得到社会广泛认同，能够合法有效地运行；政治机制运行的常态性，政治发展的有序性和政治规范的认同性。2. 政治系统平衡说，即认为政治稳定是指政治系统的各要素之间保持相对平衡与协调，政治运作呈现出一种良好有序的发展状态；政权组织体系的合法性和制度化、政治体制治理和社会政治生活的规范化和有序性。3. 政治结构功能正常说，即认为政治稳定表示政治系统在运行中所呈现的有序性和连续性，即系统内部各要素排列秩序的合理性和系统功能的发挥不受阻碍，保持正常运转；基本制度稳定和具体体制形式的有序变化。4. 政治生活秩序说，即认为政治稳定主要是指国家政治生活的秩序性，国家政权的连续性和政治制度能维持已有的法制秩序，又有适应政治变化的能力；人们在政治领域中的政治行为遵循既定的某种秩序、规则进行政治参与；国家政治生活中不需要使用军事武力和政治高压手段来解决各种问题，不存在政治骚动和暴乱。

　　由以上可以看出，政治稳定是一种相对状态，即秩序化、连续化、平衡化、动态化、合法化"五化"统一。正如陈蔚等人认为的，中国的政治稳定与社会主义现代化目标不可分离，不仅指在社会主义根本制度范围内保持改革、发展、稳定三者一致的一种可控和有序发展状态；而且指国体、政体、政局和政策四个层次的动态平衡。在更深层次上则指一种社会成员共同维护的秩序状态及社会政治心理的稳定状态。因此，我们认为政治稳定是指面临外部环境的政治体系，在一系列调节手段的作用下，能够在解决社会矛盾过程中保持政治结构的有序性、连续性以及政治心理的认同，及时有效地回应民意诉求，保持政治运作的秩序性、规范性和连续性。

如上所述，政治发展是为实现既定政治目标而推行的所有政治变革。这些政治变革打破了原有的秩序化的政治生活、规范化的政治运作、连续化的政治运行和相对平衡的政治结构，必然带来政治的不稳定。稳定是改革、发展的前提。因此，研究政治发展中影响政治稳定的因素，最大程度地减少和消除不稳定因素，进而促进政治发展成为我们进一步推进的必要。

近年来，我国学术界从政治发展的不同层面对影响我国政治稳定的因素进行了研究，取得了丰富的成果。为了使我国在政治发展和政治稳定方面的研究自觉地走向深入，本书对政治发展中影响政治稳定的因素综述如下，以供学界同人参考。

第二节 法治现代化进程中影响政治稳定的因素

一 依法治国方面

依法治国是党领导人民治理国家的基本方略，它要求国家是法治国家；社会是法治社会；政府是法治政府。推进依法治国是历史发展的必然趋势，会深刻地影响经济、政治和社会的各个方面，从而带来政治和社会的不稳定。

一些学者从法治国家建设层面进行了剖析。倪艳宁等人认为，我国当前处于社会转型时期，法制现代化建设从城市向农村逐步推进的过程中，富有地方特色的乡土中国"十里一习，百里一俗"形成的民间法与具有普遍性的国家法之间必然产生碰撞问题，进而带来地区的不稳定。① 马爱杰等人认为，法制不健全是危机突发事件发生的一个催化剂，将导致政治不稳定因素增加。②

一些学者从法治政府构建角度进行了分析。王中伟认为，转型期的法治政府建设是一项关乎稳定的大事。法治政府应当是这样一种政府，即政府的一切权力来源、政府的运行和政府的行为都受到法律的约束；法律一边是内嵌于政府之内，一边又独立于政府之外，同时政府要受法律的支配；依法行政的政府，政府行使权力的基点是把自身的权力自觉限制在法律的范围内，严格依法办事，防止权力被滥用。如此，法治政府就必须是民意政府、有限政府、责任和透明政府。③

一些学者从法治社会角度分析。陈杭平认为，我国正处于转型期，并没有建立起形式化、统一化、标准化的法律体系，因而导致社会的"法化"程度不足，进而导致民间调解或人民调解赖以发挥作用的根基遭到侵蚀，由此带来审判和调解的脱节，进而导致政治的不稳定。④

二 司法机关方面

赵阳等人认为，司法机关在案件实体和程序处理上的不公、办事效率不高；司法机关工作人员执法不文明如特权思想严重、保密意识不强、法律文书不规范等问题导致社会政治的不稳定因素逐渐增高。⑤ 许子姝认为，由于我国司法体制的不完善因素的影响导致信访制度功能逐渐发生异化，这种异化的后果直接影响了司法体制的建设进而影响政治的稳定。⑥

---

① 倪艳宁等：《法制统一基础上的族群民间法的价值分析》，《法制与社会》2010 年第 30 期。
② 马爱杰等：《浅议建立"强政府"与解决群体性事件的关系》，《大连民族学院学报》2009 年第 4 期。
③ 王中伟：《浅析社会转型时期法治政府在我国的理性建构》，《辽宁行政学院学报》2008 年第 12 期。
④ 陈杭平：《社会转型、法制化与法院调解》，《法制与社会发展》2010 年第 2 期。
⑤ 赵阳等：《当前信访案件多发的原因及解决对策》，《法制与社会》2010 年第 27 期。
⑥ 许子姝：《社会转型期中国信访制度的重新建构》，《东方企业文化》2010 年第 12 期。

第三节 政治文化发展进程中影响政治稳定的因素

政治文化是人们对政治体系和政治关系的认知、价值评价和态度。它是政治稳定的社会心理纽带，对政治体系的发展和稳定产生重大的影响。

一些学者认为当前影响我国政治稳定的因素来自政治文化。袁其波认为，这主要体现在两个方面：一则传统政治文化和西方意识形态的碰撞，导致主流政治文化失序；二则因经济体制转轨造成收入差距的迅速拉大以及市场经济法律法规的不完备，导致结构性贫困，它直接诱发的社会心理震荡波及政治生活领域，对政治稳定造成负面影响。[①] 邵萍英认为，群众不断增强的民主意识与其相对较低的法制观念的不对称，是社会不稳定因素产生的文化根源。[②]

一些学者认为实现我国的民主政治须有相应的政治文化，如果精英政治文化与大众政治文化之间的关系出现不协调，就会导致政治的不稳定。陈竹青认为，政治体系的发展和稳定往往受制于大众政治文化与精英政治文化之间的关系，二者关系耦合得好，政治关系就融洽，政治活动就易开展，政治就相对稳定。但是，转型期的中国，大众政治文化与精英政治文化之间的关系却呈现出：认同与冷漠并存、两者发展的不平衡性以及精英在制定政策时输入与输出的不对称性，使我国的政治文化发展呈现出不和谐的一面，这就必然导致政治的不稳定。[③]

一些学者认为消极的政治心理是影响政治稳定的因素。李秀明认

---

① 袁其波：《公民社会与当代中国政治发展》，《河北理工大学学报》（社会科学版）2009年第5期。
② 邵萍英：《维稳：政府执政能力新挑战》，《科教导刊》2010年第10期。
③ 陈竹青：《我国精英政治文化与大众政治文化关系探究》，《金陵科技学院学报》（社会科学版）2009年第3期。

为，转型期政治体制的稳定需要民众政治心理的支撑，政治体制的转型需要社会政治心理的调适相伴。但是，弱势群体中却出现消极的政治心理，如迷信、政治怀旧心理，政治参与的功利心理和依赖心理，倾向于依赖家族、宗族的政治心理，反权威的逆反心理，仇富心态等，任由这些消极的政治心理蔓延必然会带来政治的不稳定。①

还有一些学者认为，民众对政府的认同度以及信任感的降低或缺失会引起政治的不稳定。转型期民众对政府不信任、不认同直接导致政府机构公信力的下降及其法律严肃性与司法公正性的丧失。这就会使人们在遇到问题时，不能采取理性的、正当的方式去处理，而是采取极端的方法和方式，如此就会引起政治的不稳定。张可创教授认为，社会行政部门的管理者与执法者自我定位的偏差与心理和谐的缺失导致群众对政府部门不信任感增加。这种不信任感增加了社会的安全风险系数，引起政治不稳定因素大大增加。②沈金诚等人认为，中国政府因政绩合法性的缺陷、行政体制改革滞后于经济发展而引起的政府合法性危机，导致政治不稳定。③李青认为转型期政治信任状况在一定程度上影响着政治的稳定，信任危机将导致政治不稳定。④姜国峰认为，转型期中国政治、经济和文化的营造出不同于以往的政治文化氛围，在全球性政治因素的影响下，青年人的政治心理、政治态度和政治行为都发生着一系列的变化。这些变化冲击着原有的青年政治社会化成果，使青年政治社会化趋向分裂，这样就会使青年政治认同感降低，进而会影响政治的稳定。⑤

---

① 李秀明：《化解农民弱势群体消极政治心理的制度思考》，《江苏科技大学学报》（社会科学版）2010年第2期。
② 张可创：《论我国社会转型期的和谐心理建设》，《社会工作》2010年第8期。
③ 沈金诚等：《当代中国政府合法性危机分析》，《商品与质量》2010年第1期。
④ 李青：《建构我国政治信任的当代实践路径探析》，《重庆工商大学学报》（社会科学版）2010年第5期。
⑤ 姜国峰：《社会转型时期青年政治社会化趋向的分裂与整合》，《前沿》2010年第15期。

第四节　政府改革相关方面在政治发展中影响政治稳定的因素

一　政府功能弱化和政治改革相对滞后，会影响政治的稳定

转型期必然带来政府的改革，但是，政府的改革如果没有宽广的视角和清晰的思路就会迷失改革的方向或者改革相对滞后，带来社会政治的不稳定。

一些学者认为如果政府在社会或改革中没有发挥应有的作用会引发政治的不稳定。赵宏认为，转型期充满利益矛盾与社会纠纷，如果政府不能发挥好自身的协调和推动作用，就会带来社会政治的不稳定。①

一些学者则认为基层政府功能的弱化乃至丧失导致基层治理出现问题，进而引发政治的不稳定。申端锋认为，基层治理层面的不稳定因素是当前稳定问题的主要来源。这是由于基层政权功能的弱化乃至丧失导致治理层面的稳定问题。②

还有一些学者认为，随着经济体制改革的推进，政治改革相对滞后会引发政治的不稳定。周文惠等人认为，政治体制改革则相对滞后，并在一定程度上影响了经济体制改革的深入推进，导致政治生活中的矛盾和冲突越来越突出，进而引发政治的不稳定。③ 李天明等人认为，政治体制和社会体制改革滞后导致社会控制出现了过渡性失调，进而导致部分社会主体的利益受损，最终激化为危机事件，引发政治的不稳定。④

---

① 赵宏：《论社会转型与中国政府改革》，《科学社会主义》2008 年第 5 期。
② 申端锋：《基层维稳的深层次逻辑》，《人民论坛》2010 年第 27 期。
③ 周文惠等：《正确认识和妥善处理社会转型时期人民内部矛盾》，《中共成都市委党校学报》2009 年 4 期。
④ 李天明等：《谈因人民内部矛盾引发的群体性事件预防措施》，《辽宁警专学报》2010 年第 4 期。

二 政府在应对矛盾或危机事件方面能力的不足会影响政治的稳定

一些学者从政府应对危机事件方面切入。肖文涛认为,政府应对能力的薄弱与不足导致危机事件的发生,进而影响政治的稳定。如法治理念淡薄,法律手段缺失;角色定位出现偏差,公共权力行使方式欠妥;预警和应急机制不健全,现场处置不力。更甚至有些干部作风简单粗暴,导致矛盾激化升级。① 郭经文认为,政府官员对危机事件估计不足、处置不当、控制不力导致矛盾和冲突急剧升级进而带来社会政治的不稳定。②

一些学者则从基层政府应对矛盾或事件方面入手。马爱杰等人认为,基层政府无法及时预警并缺乏依法处置能力导致危机事件发生,进而影响政治的稳定。③ 胡娟认为,基层政府组织控制力的弱化以及驾驭能力的欠缺导致本该在本地区解决的问题未能解决或无法解决,导致越级上访、危机事件的发生,进而导致政治不稳定因素增多。④

还有一些学者则从政府在危机管理中的媒体公关方面切入。付铎等人认为,转型期不可避免地会因各类矛盾和问题而引发不同程度的公共危机,应对公共危机的关键是要实现政府与媒体沟通的良性互动。但是,由于历史和体制上的原因,我国政府在与媒体沟通过程中存在着媒体公关意识错位、沟通机制不健全、制度保障真空等问题。有效、及时、和平地处理各种类型的危机事件关系到我国的社会稳定。⑤

---

① 肖文涛:《治理群体性事件与加强基层政府应对能力建设》,《中国行政管理》2009 年第 6 期。
② 郭经文:《全力防范偶发事件转化为大规模群体性事件——抓好源头治理和初期处置》,《吉林公安高等专科学校学报》2009 年第 2 期。
③ 马爱杰等:《浅议建立"强政府"与解决群体性事件的关系》,《大连民族学院学报》2009 年第 4 期。
④ 胡娟:《群体性事件的预防和处置问题》,《学理论》2010 年第 7 期。
⑤ 付铎等:《危机管理中的政府与媒体间关系》,《中国行政管理》2009 年第 7 期。

三 政府或政府工作人员的行为失范会影响政治的稳定

一些学者认为政府在处理危机时措施或方式的不当会影响政治的稳定。厉云飞等人认为，转型期现实社会中潜伏着的诸多不安定因素被激化，很容易产生具有破坏性的公共危机事件，而由于政府处理危机的措施和方式不当导致不少地方公共危机事件升级，进而影响社会政治的稳定。[①] 高振岗认为，转型期社会关系的复杂化和利益冲突的尖锐化凸显，基层各种矛盾亦呈增长态势，而乡镇政府行为规范化水平直接关系到社会稳定的程度。[②]

一些学者认为政府权力结构的失衡影响政治的稳定。竹立家认为社会稳定的结构性矛盾在政治方面主要体现在"权力结构"失衡现象加剧，"官本位"思潮的泛滥，导致官民矛盾扩大，进而影响政治和社会的稳定。[③]

一些学者认为政府过分强调政治责任而忽视道德责任会引起政治的不稳定。凌文豪认为，转型期政府往往在危机事件处理中因过分强调所谓的政治稳定、社会稳定而倚重政治责任忽视道德责任。政府官员在突发性事件中道德准则意识的缺失造成政府威信下降，形成了不必要的对立，导致人民群众与政府在心理上的疏离以及政府公信力的下降，进而影响社会政治的稳定。[④]

一些学者认为政府的行政不作为、官僚主义、官僚作风以及腐败行为会导致政治的不稳定。邵萍英认为，部分干部的形式主义、官僚主义、行政不作为是社会不稳定因素产生的政治根源。[⑤] 胡娟认为，官僚

[①] 厉云飞等：《公共危机事件对地方政府权威的影响及其应对》，《天府新论》2010年第2期。
[②] 高振岗：《转型时期我国乡镇政府行为规范化建设的主体要求》，《理论导刊》2010年第8期。
[③] 竹立家：《社会深层次"结构性"矛盾的显现——转型期的改革与稳定》，《人民论坛》2010年第27期。
[④] 凌文豪：《政府在危机管理中的道德责任》，《道德与文明》2009年第5期。
[⑤] 邵萍英：《维稳：政府执政能力新挑战》，《科教导刊》2010年第10期。

主义容易导致干群矛盾激化,进而影响政治稳定。有的干部脱离群众,行政不作为甚至错误地决策,从而导致干群矛盾激化,影响了政治稳定。① 魏华莹认为官员的官僚作风,如有些官员不倾听群众呼声,不关心群众疾苦,不能有效解决群众遇到的问题和困难,脱离了群众,导致干群紧张,使得小矛盾酿成大矛盾,最后铸成危机事件,进而导致政治不稳定。②

一些学者认为政府工作人员的宗旨意识缺乏以及群众观念淡薄会引起干群关系紧张,进而影响政治的稳定。郭经文认为,一些干部宗旨意识缺乏、群众观念淡薄以致党群、干群关系和警民关系紧张,进而引发危机事件,导致政治的不稳定因素增强。③ 杨新红认为,转型期农村地区出现的干群关系紧张,影响着社会政治的稳定。④

腐败是官员利用公共权力,违反法律法规谋取集团、部门、个人的私利;它不仅影响政府的形象,更会因失民心而影响政治的稳定。袁其波认为影响我国政治稳定的因素来自腐败,我国政治经济领域内存在的大量腐败现象严重侵蚀了国家的政治组织,危害了社会政治稳定。⑤ 余志权等人认为,全球化时代,处于转型的关键期,如果腐败问题尤其是基层腐败处理不好就会破坏政治稳定。⑥ 郭少华认为,村干部因违背法律、政治行为规范,利用公共权力为家庭、家族等相关人员谋取私利的行为而导致腐败,严重制约了农村的民主政治建设,进而引发政治的不稳定。⑦ 魏华莹认为,官员的腐败行为导致干群矛盾激化进而影响

---

① 胡娟:《群体性事件的预防和处置问题》,《学理论》2010年第7期。
② 魏华莹:《预防群体性事件的利益协调机制研究》,《平顶山学院学报》2009年第4期。
③ 郭经文:《全力防范偶发事件转化为大规模群体性事件——抓好源头治理和初期处置》,《吉林公安高等专科学校学报》2009年第2期。
④ 杨新红:《沿海发达地区农村干群关系面临的问题及对策——以宁波为例》,《广西社会主义学院学报》2010年第4期。
⑤ 袁其波:《公民社会与当代中国政治发展》,《河北理工大学学报》(社会科学版)2009年第5期。
⑥ 余志权等:《全球化时代的中国社会转型与政治稳定》,《法制与社会》2010年第13期。
⑦ 郭少华:《新农村建设过程中村官腐败的社会学思考》,《黄河科技大学学报》2010年第2期。

政治稳定。①

第五节　政治民主推进的过程中影响政治稳定的因素

一些学者认为民主选举制度不到位、民主程序不规范、民主监督制度不健全会影响政治的稳定。杨新红认为，民主选举制度落实的不到位、选举程序不规范、监督制度不健全等问题导致农村社会政治的不稳定。②竹立家认为人民群众的"选举权、参与权、知情权、表达权、监督权"等"五权"在实践中没有得到很好的落实，使人民群众的"政治参与"热情受到制约，致使官民之间信任度下降，最终酿成官民紧张关系，进而导致政治不稳定。③

一些学者认为人们对民主政治程序的认知不够会影响政治的稳定。群众的民主意识逐步增强，对民主的要求越来越高，参政的愿望越来越强烈。但是，由于对民主政治程序认知不够而导致在参与方式的选择上采取非正常的方式，进而影响政治的稳定。④

一些学者则从村民自治入手。宋云文认为，政府在领导农业中过于行政化，直接干预农业生产，往往是政府号召调什么、市场就多什么、农民就亏什么，导致民主自治进程的不稳定。⑤

一些学者认为民主观念与民主程序的不一致也即民主政治发展模式的选择上出现偏差，导致政治的不稳定。袁其波认为影响我国政治稳定的因素来自民主观念与程序的不一致，即在民主政治发展模式的选择上。一个传统上缺乏民主精神的国家，民主的实施将缺乏广泛的认

---

① 魏华莹：《预防群体性事件的利益协调机制研究》，《平顶山学院学报》2009年第4期。
② 杨新红：《沿海发达地区农村干群关系面临的问题及对策——以宁波为例》，《广西社会主义学院学报》2010年第4期。
③ 竹立家：《社会深层次"结构性"矛盾的显现——转型期的改革与稳定》，《人民论坛》2010年27期。
④ 刘旭东：《群体性事件深度剖析》，《党政论坛》2009年第1期。
⑤ 宋云文：《新农村建设中的村民自治》，《党政论坛》2010年11月。

同与权威基础;民主观念与民主程序的不一致,未能遵循观念先行的原则将导致群众的民主参与爆炸,使整个社会系统超载,引发社会政治局势动荡。①

还有一些学者认为权力运行的不公正性以及权力制约的无效性会导致政治的不稳定。吴建华等人认为,转型期如何保障权力的合法性与权力运行的公正性对民主政治建设产生了深刻的影响,能否有效地通过民主制约权力关乎到政治的稳定。②

公民社会的兴起与发展深刻影响着政治的稳定。一些学者从公民社会影响政治稳定的双重因素进行分析。张立国认为,公民社会的从小到大的迅速发展对社会转型期的政治稳定产生了重要的影响。公民社会的发展对政治稳定的影响具有双重意义,它一方面对传统的统治型政治稳定模式形成挑战,要求政治稳定模式从传统上的"统治型"秩序向现代"治理型"秩序的转化;一方面又呼唤着符合时代发展要求的新的政治稳定模式,这构成了公民社会发展过程中政治稳定模式变革的社会动因。③

一些学者从公民社会与国家的互动层面进行分析。李胜等人认为公民社会不是万能的,转型期公民社会和国家要保持这样一种关系,即政府对公共事务的治理的权威和公民社会中民间自治的自由的平衡,否则会出现政治的不稳定。④

一些学者认为高涨的民主参政意识和较低的政治参与能力间的不对称影响着政治的稳定。邵萍英认为,群众不断增强的民主意识与其相对较低的政治参与能力不对称导致社会政治的不稳定。⑤ 刘旭东认为,

---

① 袁其波:《公民社会与当代中国政治发展》,《河北理工大学学报》(社会科学版) 2009 年第 5 期。
② 吴建华等:《协商民主的路径——公共权力制约的民主选择》,《学海》2009 年第 5 期。
③ 张立国:《当代中国公民社会发展进程中的政治稳定模式变革》,《南华大学学报》(社会科学版) 2009 年第 6 期。
④ 李胜等:《寻求权威与自由的平衡——基于国家和公民社会的路径选择》,《华东经济管理》2008 年第 12 期。
⑤ 邵萍英:《维稳:政府执政能力新挑战》,《科教导刊》2010 年第 10 期。

群众整体政治参与能力相对较弱,造成了高涨的民主参政意识与较低的参政能力间的反差。他们片面地认为法不责众、大闹大解决、小闹小解决、不闹不解决,采取用非正常的信访、法律程序参与政治决策,进而导致政治的不稳定。①

一些学者则认为人们的制度化参与意识不强以及政治参与制度化的缺失会影响人们的政治参与,进而影响政治的稳定。丁同民认为,公民制度化参与意识不强、信访制度供给不足以及人大代表作用的缺失等导致公民非制度化信访,进而导致政治的不稳定。②刘勇认为,"无直接利益冲突"是无序政治参与的一种,动摇了政府执政的合法性,加剧了有序政治参与与政治体制相对滞后之间的矛盾,影响了政治稳定。③

一些学者则从弱势群体的政治参与入手。弱势群体的政治参与是社会主义民主政治的必然要求,是实现社会政治稳定的前提,中国民主政治能不能取得实质性的发展,在很大程度上要看弱势群体政治参与的程度。一些学者认为制度缺失导致弱势群体政治参与的非理性方式如群体性事件,进而影响政治稳定。赵喜儒等人认为转型期弱势群体政治参与因体制内渠道不畅通、存在诸多制度缺失致使他们往往采取非理性的体制外的参与方式,以致导致冲突或群体性事件,进而引起政治的不稳定。④一些学者着重分析了城市中农民工政治参与问题。王雅文等人认为,农民工成为城市中的"沉默阶层",利益诉求难以在城市公共政策的制定中得到充分反映,以致出现非制度化甚至非法的参与方式,如此就会冲击社会秩序,进而带来政治的不稳定。⑤一

---

① 刘旭东:《群体性事件深度剖析》,《党政论坛》2009年第1期。
② 丁同民:《构建和谐中原视野下的制度化信访及其完善路径研究》,《中州学刊》2009年第6期。
③ 刘勇:《维护政治稳定:化解"无直接利益冲突"的根本原则》,《探索》2010年第1期。
④ 赵喜儒等:《弱势群体政治参与的现实意义》,《内蒙古师范大学学报》(哲学社会科学版)2009年第5期。
⑤ 王雅文等:《加强农民工政治参与的几点构想》,《学理论》2010年第7期。

定意义上，我国农村民主政治的发展进程，也就是农民政治参与不断扩大和水平不断提高的过程，进一步推动了我国的政治发展进程。但是，农村中的农民在政治参与过程中出现无序化。张祝平认为，转型期农民政治参与的不断扩大，而政府没有相应地提高自身的政治制度化水平，使广大农民群众的政治参与处于非制度化和无序甚至混乱状态，那么这样的政治参与就极有可能带来政治的不稳定。[①]

一些学者认为网络在现实的政治参与中发挥着作用，在一定层面上会影响政治的稳定。转型期社会各群体之间的利益博弈更加剧烈和频繁，通过互联网关注公共事务，并进行利益表达影响政府决策成为公民的常态。网络确实为我国公民的政治参与提供了新的途径，同时也对我国的政府治理产生巨大的冲撞力。王昭敏认为，网络利益表达因其在表达论题呈过渡多元性和代表指向不清晰性、表达方式上呈现非理性倾向甚至网络暴力以及网络利益表达存在部分伦理困境等因素，导致政治的不稳定性增强。[②]

仔细学习研究国内各位学者的成果后，我们认为分析政治发展中影响政治稳定的因素，最关键的是政府对外部环境的及时应对能力和政治文化的塑造。

[①] 张祝平：《农民政治参与的现实困境与发展路径——基于社会稳定视角的分析》，《浙江师范大学学报》（社会科学版）2009 年第 5 期。

[②] 王昭敏：《转型时期我国公民网络利益表达分析及完善》，《长春理工大学学报》2010 年第 8 期。

第三章

政治发展与政治稳定的逻辑关系

第一节 政治发展与政治稳定的相关理论及研究现状

政治发展是与经济发展相伴生的概念。所关注的对象主要是政治目标的运动或政治运动的方向；所强调的是现代化进程中的政治变迁，其基本内容涵盖了政治的制度化、民主化和一体化等方面。政治稳定是指一定社会的政治系统保持动态的有序性和连续性。具体说来，它是指没有全局性的政治动荡和社会骚乱，政权不发生突发性质变，公民不是用非法手段来参与政治或夺取权力，政府也不采用暴力或强制手段压制公民政治行为等，以此维护社会秩序。简言之，政治稳定是把社会冲突控制在一定的秩序之内。政治稳定是政治发展的前提和基础，政治发展是政治稳定的目标和保障。二者之间有着紧密的联系。

政治发展与政治稳定的关系的研究是从政治发展研究开始的，其理论探索轨迹，经历了三个历史阶段：酝酿期（20世纪50年代）、活跃期（20世纪60—70年代中期）和低速期（20世纪70年代中期以后）。围绕着政治发展及政治稳定的相关问题形成了一批在政治学界产生巨大影响的代表作品。主要有亨廷顿的《变化社会中的政治秩序》、阿尔蒙德的《比较政治学》、蒲岛郁夫的《政治参与》以及卢西恩·派伊的《政治发展的诸方面》等。同时，关于政治发展与政治稳定的关系研究形成了几个派别：其一，并存理论。主要代表是卡尔·多伊奇、丹尼尔·勒纳、西里尔·布莱克等。在他们看来政治民主能对政治稳定产生促进作用，公民政治参与的程度越高，政治体制也就越稳定。其二，冲突理论。代表人物是亨廷顿。他分析了政治参与和政治稳定的关系，提出在制度不完善的政治体制中，扩大政治参与会招致政治的不稳定。其三，调和理论，主要代表人物有派伊等。该理论强调政党有能力调和政治参与和政治稳定的关系，它既是民主政治建设的重要环节，又是政治稳定的一大支柱。

西方政治发展与政治稳定的相关理论，自20世纪80年代中期介绍到中国以后，在中国政治学术界大体经历了一个从引介理论、简单套用到理性反思的过程。随着研究的不断深入，产生了一系列研究成果。笔者以"政治发展与政治稳定"为主题，对近年来（2003—2013）学者在该领域的研究成果在中国知网进行了文献检索。经检索，相关文献达16522条。其中直接以"政治发展与政治稳定"为篇名的有199条，期刊文章为25篇；博硕士论文20篇。[①] 现将近年来学术界关于"政治发展与政治稳定"的主要研究成果做一综述。

第一，对西方政治发展理论的译介，主要是关于亨廷顿政治发展思想的研究。诸如，张桂琳，《民主与权威的平衡——亨廷顿的稳定民主论》（2002）；赵振军，浅析亨廷顿政治发展与稳定理论》（2005）；孟军，《国内外亨廷顿政治发展理论的研究综述》（2007）；陈袖干等，《亨廷顿政治稳定观评析》（2012）；袁明旭，《现代化进程中的政治排斥与政治稳定——亨廷顿的政治稳定观》（2013）；叶昌友，《亨廷顿政治稳定思想评析》（2013）；吴庆波，《论亨廷顿现代社会中的政治稳定》（2013）等，上述研究分别从不同的角度对西方特别是亨廷顿关于政治发展的基本内容，政治发展的目标取向、政治稳定思想的贡献和缺陷等做了一定的考察，并尝试突破亨廷顿政治发展的理论仅仅强调政

[①] 资料来源：中国知网（http://epub.cnki.net）。

治稳定或者政治民主化的模式的局限,进而批判性地借鉴其政治发展理论,研究当前中国社会的政治发展与政治稳定问题,以构建21世纪中国的政治发展理论。

第二,提出了以马克思主义为指导,对马克思主义经典作家关于"政治发展与政治问题"的思想进行了研究。主要代表性作品有:李利霞,《邓小平政治稳定思想研究》(2007);徐永军,《政治合法性视野中的毛泽东政治发展观研究》(2008);梁昱庆等,《试论毛泽东的政治稳定和政治环境观》(2008);张俊杰,《江泽民政治发展观研究》(2012);贾孟喜,《胡锦涛中国特色社会主义政治发展道路思想略论》(2013);韦顺国,《马克思政治发展观的"三重现实维度"》(2013)等。上述文献分别对马克思主义政治发展观的立场、观点和方法;毛泽东关于我国政治稳定和政治环境观的主要思想;邓小平关于政治稳定的重要意义、主要内容及其实现的途径的论述;江泽民政治发展观的基本内涵;胡锦涛关于中国特色社会主义政治发展道路的重要论断做了一定的研究,以期为我们今天建设有中国特色的社会主义政治文明提供指导和借鉴。

第三,对政治发展与政治稳定的相互关系进行了初步探索。主要有刘学军,《政治发展与政治稳定问题研究》(2006);黄新华,《政治发展中影响政治稳定的因素探析》(2006);文晓明等,《政治发展与政治稳定》(2008);陶森修,《公民的政治参与对政治稳定的影响及对策研究》(2009);《当代中国政治发展与政治稳定关系研究》(2009);王庆五,《政治发展的协调与政治稳定的实现》(2013)等。在政治发展与政治稳定的关系方面,学者们从不同的视角提出了自己的见解。刘学军指出政治发展没有绝对权威的模式可遵循,政治稳定是政治发展中政治系统的有序性,政治发展与政治稳定统一于政治建设的过程中。黄新华从政治发展中的国家能力、财富分配、利益冲突、意识形态、路径依赖等因素方面,分析了政治发展对政治稳定的影响。文晓明等人认为只有在政治稳定中实现政治发展,才能实现政治发展与政治稳定的最佳结合和良性互动。王庆五则强调需要通过构建和谐的现代政治价值体系、统筹协调各方利益关系和规范公民政治参与等来促进政治稳定的实现。

第四，从中国实际出发，分析了当前中国政治发展与政治稳定问题，尝试提出建设中国特色的政治发展与政治稳定的路径。如王宗礼，《论建构中国特色的政治发展理论》（2004）；何增科，《民主化：政治发展的中国模式与道路》（2004）；吴光芸，《协商民主：和谐社会政治稳定与政治发展的重要途径》（2007）；骆莹莹，《我国社会转型时期社会资本与政治发展问题研究》（2008）；郭丹，《回顾与展望：改革开放以来中国政治发展》（2008）；唐凰风，《以社会建设促进社会稳定：中国的战略抉择》（2013）；张新平，《政治稳定视野下中国政治和谐稳定发展的基本经验》（2013）等。学者认为改革开放30年来，我国政治发展走过了一条艰难曲折而又成绩卓著的道路，政治系统实现了有序、全面的转型。但中国政治发展道路和方向的一系列转型远没有完成，必须随着经济社会发展而不断深化，与人民政治参与积极性不断提高相适应。提出了促进政治发展，实现政治稳定的一系列路径。主要有始终坚持改革开放政策的稳定性和连续性，重视制度建设，推进社会主义核心价值体系的构建，提高党的建设科学化水平，改善社会资本的存量结构促进社会稳定，以社会建设促进社会稳定，培育公民社会、塑造参与型政治文化等。

第五，从比较政治的研究视野对不同国家的政治发展与政治稳定的路径、特点进行了研究。皮鹏从东西方不同政治遗产对当代政治发展的影响的角度，比较分析了中国传统民本思想和古希腊民主政治对各个国家当代的政治发展的深远影响（2013）；周晓萱分析了意大利统一以来政治发展道路的特点并对于发展中国家启示作用和借鉴意义做了一些探索（2013）；王静从韩国政治现代化之特征出发，指出韩国式的政治现代化是在儒家思想权威主义主导下进行的，其结论是当政治民主化发展到一定程度时，又通过激进式变革推翻了先期推动它发展的传统权威主义,从而迈进了现代化的政治轨道(2013);司杰则从宏观的角度分析了 21 世纪以来世界政治发展道路,讨论政治发展的类型和特点,指出各国不同的基本国情,各国政治发展呈现出多元化发展的态势并提出了欧洲模式、东亚模式、美国模式等概念。

第六,对网络参与和政治稳定予以高度的关注。随着计算机互联网技术的广泛应用,网络政治参与对政治稳定的影响引起了学者的广泛关注,成为当前研究的又一热点。莫凡提出网络政治参与既是传统政治参与的工具和手段,也是政治参与的新形态。必须扩大网络政治参与的积极作用,消解网络政治参与的消极作用,更好地将网络政治参与促进动态政治稳定的一面发挥出来(2007)。郭小安认为网络政治参与既可能缓解政治冲突,促进政治稳定,也可能激发政治冲突,解构政治秩序,其关键是政府和公民能否利用好网络媒介,能否形成良性互动关系(2008)。马振超认为网络渗透使我国意识形态安全面临新挑战;网络舆论成为影响政治决策的民意表达新渠道;网络参与使传统政治参与体制面临新挑战;网络恐怖主义成为影响政治稳定的恐怖主义新形式。王金水分析了互联网的主体性、跨地域性、去中心化和去时间性等特质,提出目前中国的网络参与风险与政治稳定息息相关,只有转变治理结构,才能构建有效的政治稳定机制,确保国家的政治安全和政权安全(2012)。王法硕认为作为公民网络参与平台的网络论坛、政府网站、博客、微博等的应用对塑造网络民意、推动网络民主、增进政治沟通起到积极的促进作用(2012)。刘远亮提出网络政治传播是一种全新的政治传播形态,网络政治传播改变了政府权力的运行模式,并在扩大人民民主权利、增强政府效能、塑造现代政治文化、推动以民主与法治为目标的政治改革等方面发挥着积极影响,有力地促进了当代中国政治发展(2013)。

第二节　政治发展与政治稳定的逻辑关系

政治发展是社会发展的重要组成部分，是任何国家在不同的历史时期都必须面临的重要问题。广义上，政治发展是指政治体系向更高级形态的变迁过程；狭义上，政治发展是指现代化过程中的政治变迁：主要涵括民族国家的建构、民主政治体制的确立、政府治理能力的增强、国家—社会关系的良性互动、政治制度化程度、政治参与的水平、法制的完备与发达、政治功能的分化、公民社会的成长、政治权威的合理化与合法性的增强等。具体到江苏省主要包括地方政府制定地方法规的政策水平、地方法规的完善程度；地方法规与中央、与省委省政府方面的配套协调程度；地方政府执法机制的创新、执行能力的增强、阳光政府透明政府的建设等方面。

政治稳定是指一国政治体系存在的有序性和连续性，表现为政局稳定、政府运转民主高效、公民有序政治参与。一般认为，政治稳定主要指合法性政府的存在、政权的有序交接或轮换、政治生活的和谐有序、政治适应变化能力较强、政治制度和国家政策有效运转，等等。具体到江苏省要调研地方政府的权威性；社会团体、民间组织、两新组织等对地方政府的认同程度；地方政治体系运转的稳定性如何；地方政府的危机管理能力怎样，是否具有预测影响稳定因素的能力等。

政治稳定内含着政治矛盾和冲突，它只是各种矛盾和冲突处于相对缓和状态的动态平衡系统。在政治稳定与政治发展的关系方面，塞缪尔·P. 亨廷顿认为，"社会动员和政治参与的速度偏高，政治组织化和制度化的速度偏低，其结果只能是政治不稳定和无秩序"[1]。

---

[1] ［美］塞缪尔·P. 亨廷顿：《变化社会中的政治秩序》，王冠华译，生活·读书·新知三联书店1989年版。

所以，现代政治发展进程一方面促进了公民的政治参与及利益诉求的增长；另一方面也增加了政治体系的压力，容易导致政治的不稳定。

首先，政治稳定是政治发展的前提和保障。一切政治制度的构建就是为了能够规范政治行为、协调利益关系、化解政治矛盾、维护政治稳定，使政治体系的运行维持在秩序的范围之内。政治稳定最主要的内涵就是要保持政治体系核心的稳定，政治价值、行为和政策保持连续性，政治权威的合法性基础不断巩固。如果一个政治体系没有政治上的稳定和秩序，政治常常处在动乱和无序之中，政治权威的政治价值和理念就难以实现，更谈不上政治发展的推进。邓小平同志曾经反复强调政治稳定的重要性，他指出："中国的问题，压倒一切的是需要稳定。没有稳定的环境，什么都搞不成，已经取得的成果也会失掉。""对于这一点我们有深切的体验，因为我们有'文化大革命'的经历，亲眼看到了它的恶果。"① 同时，政治发展属于上层建筑，一个社会生产力的发展必然导致经济基础的变革，进而引发上层建筑的变化，从而促进一个社会的政治发展。这就是说，政治发展是需要通过不断改革和调整来实现的，政治发展的内涵如政治组织机构的建立和完善、政治运行机制的构建、公民政治参与的水平和程度等，都离不开政治体制的改革、发展与完善，而政治改革需要政治稳定来保障。

其次，政治发展是政治稳定的内在要求。如上分析，政治稳定是指政治结构处在相对的动态平衡状态，所以政治稳定是一种动态的稳定，是一种从原先的稳定到新的更高层次稳定的不断升华过程，而政治发展正好能够提供政治稳定新的内容和机制，是政治发展在新的更高层次上实现稳定的保障。一个政治体系具体的体制、运行机制相对于稳定的基本政治制度而言，总是处在不断地运动变化当中。当某个政治体处在某种社会形态之下，政治体制改革的推进、政治运行机制的完

---

① 《邓小平文选》第3卷，人民出版社1993年版。

善都是围绕着基本政治制度的巩固而进行的,政府行政能力的加强,政治制度化、民主化水平的提高,法治政府的完善等政治发展本身都是消除政治不稳定的重要因素,因此,政治发展的每一项内容和指标都成为政治稳定的基础。

最后,政治发展与政治稳定的不均衡性。政治发展意味着政治形态的某些变革,它将会改变原有的政治结构和利益格局,打破原有的利益平衡,势必造成原有利益格局中一部分人的利益受损或者诉求不能及时满足。而政治主体如果不能对这些利益受损者给予补偿和引导,肯定会激发其对社会及政治主体的怨恨和不满情绪,进而导致其体制外政治参与的扩大,而体制外政治参与的扩大则会影响到政治社会的和谐稳定。所以政治稳定并不一定是政治发展的必然产物,某些情况下的政治发展反而会导致政治不稳定的出现。此外,政治稳定又是相对的,而不是绝对的,如果过分片面地强调政治稳定,就可能窒息政治发展的生命力,导致政治发展机遇的丧失。邓小平曾经语重心长地告诫,"强调稳定是相对的,但强调的过分就可能丧失时机","发展才是硬道理"。因此,需要处理好政治发展的有序性和连续性之间的关系,否则,缺乏了政治稳定,就会造成政治的衰败和退步,而不是政治的发展。发展中国家的政治发展实践证明民主政治发展是有条件的,只有在稳定有序的社会安定状态下,才有经济、政治和社会的发展。对于现代转型之中的中国而言,已经出现了社会阶层的分化、利益的碎片化、分配方式的多样化,甚至思想观念的多元化,公民参政议政意识的上升化等,这些都对社会原有的政治稳定提出了严峻的挑战。

政治矛盾与冲突也会促进政治发展。因为一定范围和程度的政治冲突不仅可以消弭部分政治危机,而且还可以重塑政府形象,重构政府与公民间的相互信任关系。亨廷顿曾经指出,如果完全没有社会冲突,政治制度便没有存在的必要。因此,政治矛盾与冲突在导致政府合法性危机的同时也可能为新的合法性生成提供契机。在政治制度化程度较低的情况下,盲目或者过多地启动公民政治参与的进程,可能会危及正常的社会秩序，导致政治动荡。所以，政治主体在维护社会政治的稳定方面需要对社会动员进行适度的控制，倡导有序和理性的政治参与，将政治发展维护在一定的可控范围之内。

第三节 在一国区域内政治发展与政治稳定分析的重要性

一 一般分析与区域分析相结合

唯物辩证法告诉我们，整体与部分的关系是对立统一的辩证关系。首先，二者相互依存。一方面，整体由部分组成，离开部分就不存在整体；另一方面，离开整体的部分也就失去原来的意义。其次，整体不是部分简单的相加，优化的系统整体，大于部分之和。最后，二者相互作用，一方面，整体对部分起支配、决定作用，协调各部分向统一的方向发展；另一方面，各个部分也有其相对的独立性，反作用于整体，部分的变化会引起整体的变化。在整体视野中观察一国政治发展与区域政治发展，我们可以看到，一方面，整体统率局部，区域政治发展是国家政治统一的发展体系中的一部分；另一方面，区域政治发展也有其相对独立性，区域（江苏）政治发展与政治稳定的经验为国家政治发展提供了有益的补充。

首先，在国家的层面上，国家政治发展为区域政治发展确立了整体的方向和目标，并在基本政治制度和统一的政治秩序方面为区域政治发展奠定了基础。这突出表现在：第一，改革开放政策的实施和建立社会主义市场经济体制目标的确立，社会生产力发展水平不断提高，人民的生活水平明显改善，综合国力大幅度攀升。中国在改革开放以来的快速发展为全社会的政治稳定奠定了坚实的经济基础。第二，不断改革和完善各项基本政治制度，包括人民代表大会制度，多党合作与政治协商制度，民族区域自治制度等，为中国社会的政治稳定提供了制度保障。第三，加强社会主义民主政治建设，实现民主选举、民主决策、民主管理、民主监督,保证人民依法享有广泛的权利和自由,推行基层群众自治等提出了"依法治国"的基本方略,推动社会主义法制建设的进程。民主法制进程的加快和"依法治国"战略的实施,为推动经济持续快速健康发展和社会全面进步,保障社会的稳定和国家的长治久安提供了法律保障。

其次,在区域层面上,区域政治发展具有相对独立性。一方面,区域政治发展的轨迹必须符合国家政治发展的方向,区域政治发展的进步会有利于国家政治的总体发展目标的实现。经过改革开放以来的快速发展,江苏已经在全国率先进入较为富裕的发展阶段,在这种持续快速发展过程中,江苏政治文明建设持续推进,并在如何维持政治稳定方面形成了自己的经验和优势,成绩斐然。譬如"法治江苏""平安江苏"的建设经验就为国家政治稳定的实现提供了较好的"范本"。"民主法制建设积极推进。人民群众享有更加切实的民主权利,当家作主、政治参与的积极性持续提高。人大和政协重要作用充分发挥,爱国统一战线发展壮大,工青妇等人民团体工作取得新成绩。国防动员、'双拥'共建活动扎实推进。'法治江苏'和'平安江苏'建设成效显著,科学立法、依法行政、公正司法水平不断提高,社会管理及创新得到加强,人民群众社会治安满意率居全国前列。"[①]

二 区域内部的可行性分析

通常对政治稳定的划分有着"静态"和"动态"的区分。静态稳定通常是指各种社会问题不是得到解决而是被暂时掩盖,社会冲突不是被缓解和消除而是用外力强行压制的时候,社会也可能给人以"稳定"的感觉。然而,这样的稳定都是表面的、虚幻的,是一种绝对的静态的稳定。这种社会的稳定是通过对社会内部实行严密的政治控制,

---

[①] 罗志军:《全面建成更高水平小康社会　开启基本实现现代化新征程》,在中国共产党江苏省第十二次代表大会上的报告(2011年11月6日)。

以牺牲社会的经济发展为代价而实现的。动态稳定是一种最理想的社会形态。它能够保持政治的相对稳定，同时也能促进经济社会的发展，而这一切都有赖于政治体系具有较强的适应性和开放性，而不是封闭的僵化的。因此动态有序是一种发展与稳定的共存状态，是一种应性的相对社会稳定。[1]

任何国家经济要发展，社会要进步，政治要民主，就必然要从静态有序的政治稳定走向动态有序的政治稳定。改革开放以来，江苏区域政治总体发展符合国家政治发展大方向，呈现国家政治发展与区域政治发展"同质性"倾向，实现了社会总体上政治稳定，公民的民主意识、法律意识和维权意识大大增强，上访行为总体上并不严重。群众对当前社会稳定情况的评价相对较高，对未来社会稳定发展的预期也比较乐观。但近年来江苏在政治稳定的进程中也暴露出与经济快速发展不相适应的问题，经济社会生活中的新矛盾、新问题和群众关注的热点问题日益增多，与全国一样，江苏各类群体性事件亦有所发生。这突出表现在：第一，和全国其他地方一样，江苏目前不稳定的矛盾和热点依然集中在征地、环境保护等民生问题。[2] 譬如在经济社会发展过程中，存在着一些政府与民争利的事件；在发展过程中有些地方没有把经济发展和环境保护关系处理好，以牺牲环境换取经济发展，引起群众的不满和反对等（调研报告）。第二，群众的维权意识有所提升，群众维权方式出现了一些新变化。过去许多群体性事件都是目标明确具体的，被侵权群众通过聚集形成压力、要求解决问题，一旦问题得到解决都能满意而去或偃旗息鼓。近年来，出现了一种非直接利益冲突者借机宣泄和传播不满情绪，于是兴起影响社会政治稳定的群体性冲突。此外，集体抗争的趋势也较为明显。近年来，一旦矛盾冲突发生，当事方越来越多地主动联系同类事主抱团进行集体抗

---

[1] 李笃武：《当前转型时期中国社会稳定问题研究》，华东师范大学论文，2005年。
[2] 2013年《社会蓝皮书》指出我国每年群体性事件达数万起，其中一半以上为土地征用和房屋拆迁所引起。

争以增加压力。这些变化反映了江苏在经济持续快速发展进程中政治稳定的新动态，增加了政治稳定的复杂性，同时也加大了维护稳定工作的难度。但是，从目前江苏群体性事件的性质来看，都还是对权利和权益的诉求，是属于人民内部矛盾，并不是要推翻国家政权和现行社会制度，因此可以通过有效的途径和政策予以解决。

第四章

江苏现代化转型中政治发展与政治稳定的特点及成因剖析

政治发展与政治稳定是现代政治国家无以回避且极力追寻的理想状态，所有国家都希望在稳定的环境中谋求政治发展，在政治发展中保持稳定。处于转型社会、风险社会和网络社会合力并存的当代中国，保持政治发展与政治稳定的合理均衡的重要性更加突出。具体到江苏，作为国内经济发展程度较高、已经开始"第二个率先"[①]的区域，对政治发展与政治稳定、经济繁荣和社会和谐的关系认识和追求尤为迫切。

尽管政治发展与政治稳定之间并不具备天然的必然联系，但是二者在政治合法性基础强弱、政治制度化水平高低、政治参与机会大小、民主发展程度高低、政治信任能力强弱和法治理念的贯彻落实程度六个方面存在耦合之处，通过这些共同指标不仅可以检验一个区域一个国家政治发展的客观面貌和政治稳定的现实状态，并且可以洞察二者之间的内在关联。结合这些要点考察江苏政治发展和政治稳定的历史发

---

① 2003年全国"两会"期间，江泽民、胡锦涛同志先后参加江苏代表团审议，殷切期望江苏率先全面建成小康社会、率先基本实现现代化。根据这一精神和党的十六大精神以及江苏发展阶段变化，省委十届五次全会作出了推进"两个率先"的重大决定，制定了全面小康四大类18项25个指标，引导各地加快建设一个不含水分、人民群众得实惠、老百姓认可的全面小康。被称为"第一个率先"。在取得重要阶段性成果基础上，根据中央的新的要求和变化了江苏实际，2012年省第十二次党代会确立了"全面建成更高水平小康社会、开启基本实现现代化新征程"的奋斗目标，开始了"第二个率先"的实践进程。

展进程，分析其现实状况，对于区域的协调发展和国家的长治久安意义重大。因为区域的政治发展和政治稳定属于基层政治发展与政治稳定，对于当代中国政治生活来说，处于基础性地位，很大程度上直接影响和制约着整个中国的政治发展和政治稳定。

第一节　江苏现代化转型中政治发展与政治稳定的历程

一　近代以来至新中国成立前（1840—1949 年）：整体动荡背景下的相对发展和稳定

"现代化是近代中国历史发展的主题。"[①] 现代化是"各社会在科学技术革命的冲击下，业已经历或正在进行的转变过程"，不仅包括并引起系列社会因素的变革[②]，而且是一场经济、政治、文化、社会生活方式乃至思维方式等全方位的变革与转型。近代中国的现代化要实现的是从封建社会向现代社会的转型。政治发展和政治稳定是中国现代化的题中应有之意。

中国的现代化在晚清与西方的交手中开始，在新中国成立前，经历晚清、民国初年、北洋军阀、国民党政府时期，走过一段起步、彷徨、动摇、发展、挫折的艰难历程。在这个过程中，中国的政治发展和政治稳定是一个有发展无稳定的时期。

罗荣渠先生将这个阶段概括为中国现代化的第一次发展模式大转换时期，即在旧王朝体制下的自强和变法都未成功，改革的失败导致革

[①] 《江苏基本实现现代化的目标内涵与现实路径读本》，江苏人民出版社2013年版，第96页。

[②] 现代化包括和引起的社会因素的变革，包括"国际依存的加强，非农生产尤其是制造业和服务性的相对增长，出生率和死亡率由高到低的转变，持续的经济增长，更加公平的收入分配，各种组织和技能的增生及专门化，官僚科层化，政治参与大众化（无论民主与否）以及各级水平上的教育扩展"等等。参见［美］罗伯特·罗兹曼主编：《中国的现代化》，国家社会科学基金"比较现代化"课题组译，江苏人民出版社1988年版，第4页。

命；辛亥革命后的近四十年的大动荡中,"边缘化"和"革命化"[①]继续发展,国家的实效统治断裂时期。这是千年帝制传统中国迅速发生变革,快速走向以工业化、城镇化及社会组织方式、教育、技术、人口和观念都急剧变革的时代,因而从国家整体上看,是一个以民主共和取代君主专制、合法性基础重建的政治发展过程,但却是一个传统稳定秩序体系走向解体而急剧动荡的时期,传统经济结构被打破,政权不断发生更迭,政策不断变化,外敌和战争不断,政治整体上是不稳定的。但从国内经济社会生活、民众的教育和政治觉醒、参与程度(救亡图存、救国救民)、政党发展、制度重建等层面看又保持着进步性和持续性,从而使得在半殖民化、革命化、政权更迭频繁、军阀混战、战争频繁的中国保持了社会的一定程度的发展。

19世纪60年代至90年代洋务派的"洋务运动"本着"中学为体、西学为用"的指导思想,尽管没有将政治体制的现代化提上日程,尽管不能挽救颓势的旧王朝,但是利用先进技术,发展以军事工业为主的工业化还是取得了很大进展,并经历了从重工业到轻工业、由军需到民用、由国营到民营的过程,创立了近代军事工业和民用工业。与此相伴生的是西方大量思想科技方法的引入、新式学堂的建立,培养了近代一批掌握自然科学的知识分子和技术人员,也出现了近代的产业工人,这些客观上冲破了封建制度的枷锁,促进了中国生产力的发展和生产方式的改变,开启了中国资本主义工业化和现代化道路。

1895年甲午海战后到1927年,资产阶级维新派的戊戌变法和革命派的辛亥革命直接将更基本的政治体制改革提上日程,尽管失败,但

[①] 罗荣渠先生的现代化理论以"一元多线历史发展观"为指导,反复论证中国近代百年变革中走向现代化的道路是异常复杂的,是衰败化、半边缘化、革命化和现代化四大趋势重叠中进行的。所谓"衰败化",是指当西方资本主义入侵之际,在"王朝循环"模式支配下的清帝国末代统治正处于自身无力摆脱内部体制性危机;"半边缘化"是西方的入侵将中国强行纳入扩张中的资本主义世界体系;"革命化"指的是在前述两种趋势冲击下,中国人民被迫而起的反抗;"现代化"指的是引进现代生产方式后中国发生的深刻社会变革,其间交织着侵略与反侵略、资本主义生产方式与小农/手工业结合的生产方式、现代工业—商业文明与农耕文明等三对基本矛盾。因此鸦片战争以来中国巨变过程包含着许多趋向不一致的甚至冲突的过程。

是维新派的政治、军事、经济、教育上的主张对中国人的思想启蒙起了巨大的推动作用。如政治上，触及了中国前所未有的民主问题，建议裁撤冗员，开放言路，给下层民众发言权，成为中国政治发展和政治现代化的一个重要开端。维新派在经济上工商立国、鼓励民办企业的思想极大地促进了工商业的发展。更重要的是铁路矿务局、农工商总局和各省分局、农会、商务局和商会等机构与组织的建立，尤其是1902年"清政府着手制定商律的举措，在中国历史上实属破天荒之首次，是对传统重农抑商观念的根本否定，标志着商业活动开始进入法制化轨道。此后在中央创设商部、在全国各地设立商会组织"极大地促进了工商实业的发展。同时从京师大学堂—各省会的高等学堂—郡城的中等学堂—州县小学—私人学堂—农务、医学、商学、铁路、蚕桑等专业速成学堂的建立，极大地开启了民智，储备了人才，促进了社会的发育，也促进了国家财政制度的建立。辛亥革命推翻帝制建立共和，则直接打开了中国进步潮流的闸门，开始了中国向现代国家的转型，奠定了政治发展和稳定的制度基础。其建立强大的工业国的经济思想和南京国民政府建立后孙中山的系列奖励工商业发展的规章制度，使得兴办实业和现代工业在全国范围兴起，迎来了中国民主资本主义发展的"黄金时代"，把贫穷落后的中国引向了近代工业化的道路，为生产力的发展和社会生产的发展提供了前提条件。

1927年到1949年是南京国民政府领导时期，中国继续在资本主义工业化道路上曲折前行。其中的前十年（1927—1937年）是中国现代化事业有所发展的十年。国民党积极推行新财政政策，从外国人手中收回关税主权，设立国家银行，统一货币发行权，1935年发行了法币，结束了中国长久以来混乱的货币制度，顺应了国家统一市场的需求，推动了工业、商业及整个经济的发展，而且有力地削弱了地方财团的实力，有利于增强中央政府对全国的控制力。尽管出现了官僚资本和垄断对民营工业的排挤，但是新财政政策的实施还是导致投资的增加和工商业的发展，"在长江中下游形成了以公营企业为主体的工业地带，中国经济建设出现了继洋务运动、'一战'期间民族工业短暂春天之后的第三次经济建设高潮"。① 同时国民党设立中央研究院，在全国范围内进行各种科研活动，吸纳西方教育理念和教育制度的优点，在全国推行"三民主义"教育，推进了教育制度的规范化和制度化。为政治发展和稳定奠定了一定的思想和制度基础。抗战期间，中国现代化的进程被迫打断，国家陷入战争劫难与剧烈动荡中，原有的经济发展和政治发展进程被打断。抗战胜利后，国民党的四大家族官僚资本和美国垄断资本相结合，民众被鱼肉，生存都困难，加之国共持续多年争夺领导权的战争，中国陷入更深的战乱灾难中。

作为一个区域，江苏正式建省始于清康熙六年（1667年），取江宁、苏州两府的首字而得名，"广九百五十里，袤千一百三十里……京师偏东五分至五分度三分"②。进入近代，在同样经历国家的政治社会动荡的同时，却又凭借天然的区位优势、历史上的经济社会发展积淀、政治上的成熟低调，巧妙利用资本主义因素在沿海的发展，走在工业化和城镇化及教育技术等社会发展的前列，相对保持了小范围区域内的经济富足、政治发展和政治社会稳定。

首先，工商业的发展和经济的相对富足，奠定了政治发展和稳定的物质基础。在社会动荡和剧烈变革的时代，经济发展，居民安居乐业，对现政权的合法性基础建构至关重要。据研究，江苏1895年至1913年工业资本额约占全国的10.5%，工商业发展水平在全国具有举足轻重的地位。③ 其中"张謇在南通创立的大生资本集团涉及工业、交通、金融、航运等企业，总资本达7000多万元，是20世纪初国内最早形成的大型资本集团"④。苏南的荣氏兄弟的面粉产业和纺织产业业绩辉煌。

---

① 《江苏基本实现现代化的目标内涵与现实路径读本》，江苏人民出版社2013年版，第102页。
② 赵尔巽：《清史稿》第八册，中华书局1976年版，第1983—1984页。
③ 郑颖慧：《论近代江苏工商业运营的南北差异——以南通和无锡为例》，《江苏商论》2012年第11期。
④ 汪敬虞：《中国近代经济史（1895—1927）》，人民出版社2010年版，第169页。

以苏州为龙头的苏南地区，历史上就是江南地区最大和最重要的商业中心、最大的交通枢纽和货物集散地以及长江下游地区的航运中心和金融中心。鸦片战争后随着上海商贸中心地位的兴起，苏南除原来具有的长江和运河优势外，又新增了靠近上海这一商贸中心的优势："形成了上海以苏南为依托，苏南以上海为龙头的新的商业体系，进出口贸易取得了长足的发展。以苏州为例，从甲午战争后到第一次世界大战结束，苏州的进出口贸易总值增长了1462倍，其中洋货进口贸易总值增长了1397倍；土货进口贸易总值增长了104倍；土货出口贸易总值增长了10460倍。"① 现代工业兴起后，苏南地区率先由副业（织布）主业化过渡到了工业主业化的时代②。工业的发展吸纳了大量的农村劳动力，包括大量的女性。吴江县，据30年代费孝通在开弦弓村的调查，"最近20年附近城市缫丝业的发展非常迅速。城市的工业吸走了农村的劳动力"。③ 1932年，江苏女工占全省女性总数的12.76%，为200余万人，考虑到务工的女性绝大部分集中在苏南地区，苏南女子从事工业的比重至少比全省平均数要高1倍。④ 工商业的发展还导致城市的快速发展。近代苏南地区市镇数目在不断地增加，如松江府市镇总数在1850年以前是16个，1911年猛增到148个，短短60余年，增加了8倍之多。而且很多市镇的人口快速增加，商况兴盛。如苏州府吴江县盛泽镇，19世纪末期，已有大小街巷73个，居民2万余户，人口10万以上，远远超过彼时行政中心的吴江县城，有较大的丝绸行30多家，资金以二三万至数十万不等。所产丝绸畅销全国，远销朝鲜、南洋及欧美诸国。⑤ 苏北的运河沿线和铁路沿线的市镇也很繁盛。近代江苏的相

---

① 孙海泉：《上海辐射与苏南发展研究》，人民出版社2002年版，第137页。
② 马俊亚：《工业化与土布业：江苏近代农家经济结构的地区性演变》，《历史研究》2006年第3期，人大复印资料《经济史》2006年第5期。
③ Hsiao-tung Fei, *Peasant Life in China: A Field Study of Country Life in the Yangtze Valley*, p. 232.
④ 赵如珩：《江苏省鉴》（上册）第1章，上海新中国建设学会，1935年，第37页。
⑤ 彭安玉：《近代江苏市镇化初探》，《江苏社会科学》1993年第6期。

对富足、工商业带来的就业及市镇的发展,保证了相对的政治稳定。

其次,江苏南北的经济社会差异也导致南北政治发展和稳定的稍许差异,苏南在近代中国的政治发展和稳定的程度及内涵与苏北有一定差异。以长江为界考察江苏南北更符合近代的区域分属,苏南地区包括南京、常州、无锡、苏州、镇江,除此之外的南通、扬州、泰州、徐州、连云港、盐城、淮阴、宿迁皆属苏北。江苏南北经济发展差距,从唐中叶以后随着全国经济发展重心由北向南的转移而显现,在近代鸦片战争之后差距陡然拉大[1],几十年所形成的差距远远大于在传统社会中几百年间的累积。一是因为近代苏北没有苏南那样接受海洋商贸及产业辐射的条件;二是长期的矿业和制造业的重工业产业定位;三是劳动力素质差异、就业单一、流失[2]。苏北本身又缺乏"外向型"经济所需的资源,晚清民国期间,河、漕、盐三大政的衰败必然导致苏北城市的衰败,苏北城市衰败又导致对灾民流民赈济留养功能的丧失。这是苏北"无灾不酷"、流民问题日趋严重的基本原因[3]。然而即便是苏南在天时、地利、人和,优势尽占,发展迅速的同时,仍隐存着先天的缺陷,那就是:由于国家主权丧失,经济的发展受制于人,其繁荣昌盛,基本上是"其他国家经济发展的因变数"[4]。这种经济发展上的差异也使得江苏内部的具体区域之间的政治发展和稳定的态势上呈现出一定的南北差异,苏南整体的发展程度和稳定态势要好于苏北。如据历史记载,新中国成立前匪患一直是影响南通社会稳定的重要因素,大部分地区长期被日、伪军占领和国民党的反动政权统治,社会环境极为复杂。

---

[1] 苏北在隋唐以前,经济文化发展水平明显高于苏南,在唐中叶以后,渐趋衰落,南北差距渐趋形成,中间经过四五百年(公元755年,安史之乱—宋光宗绍熙五年,公元1195年黄河水改道入淮开始泛滥苏北)甚至更长的时间,淮阴至明代时仍有"襟吴带楚客多游,壮丽东南第一州"的美誉。

[2] 刘玲:《近代江苏南北发展不平衡的成因分析》,《宿州学院学报》2011年第10期。

[3] 汪汉忠:《灾害、社会与现代化》,社会科学文献出版社2005年版,第107页。

[4] 郭益耀:《不可忘记毛泽东:一位香港经济学家的另类看法》,牛津大学出版社2010年版,第34页。

二 新中国成立至20世纪60年代末期：起步与曲折

新中国成立之初，并没有江苏省的建制。从1949年到1952年，江苏这片土地分归两署一市（苏南、苏北行政公署，以及华东行政区直辖的南京市）。1953年，两署一市合并，恢复江苏省建制，管辖范围包括徐州、淮阴、盐城、南通、苏州、镇江、扬州、松江（松江、宝山、嘉定、南汇、奉贤等如今隶属于上海）的区域8个专区，以及南京、无锡、苏州、常州、徐州、南通这6个地级市。1970年，专区更名为地区。1983年，江苏在全国率先取消了地区建制，并形成了11个省辖市的格局（与现在比缺宿迁和泰州两市，1996年设两市）。

解放初期，对江苏的稳定来讲，首先是严重的匪患和旧政权遗留的反革命力量。如南通，一些土匪恶霸、敌特分子、封建帮会相互勾结，利用本县滨江临海的地理条件，秘密组织特务，潜入解放区，以暗杀、放火、抢劫、爆炸、放毒、散布反动传单、煽动闹事等卑劣手段，妄图垂死挣扎，严重破坏社会稳定，影响正常的社会生产和生活。所以，在解放初期，江苏政府的首要任务是稳定社会秩序，为恢复和发展生产、巩固新生的人民政权提供安定的社会环境。为此，南通县委、县政府成立剿匪委员会，采取"军事清剿、政治瓦解、发动群众"三结合的方针，抽调一批有经验的公安人员，组成剿匪队伍，进行武装搜捕；在群众中开展反谣言、反破坏的宣传教育，加强敌情观念，大力揭露国民党反动派的罪恶阴谋，动员群众积极投入剿匪肃特斗争。

1950年冬到1953年春，党在新解放区的农村领导并完成了土地制度的改革。其"依靠贫农、雇农，团结中农，中立富农，有步骤地有分别地消灭封建剥削制度，发展农业生产"的方针，不仅彻底摧毁了我国存在2000多年的封建土地制度，解决了封建制下人身对土地的依附，大大解放了农业生产力，进一步巩固了工农联盟，为国民经济的恢复和发展，为社会主义工业化和对农业社会主义改造创造了条件。同时还在新解放地区建立军事管制委员会，决定在条件许可时再召集各界人民代表会议，选举地方人民政府。经过这些努力，维护了全省的政治稳定和社会秩序。

50年代初，依据《选举法》的规定，江苏开展了选民登记和投票选举的活动，极大地激发了广大群众的民主意识。随着人民民主专政的政治制度、"议行合一"的人民代表大会制度、共产党领导的多党合作和政治协商的政党制度的确立，1954年宪法的颁布，使江苏的政治生活有了最根本的法律依据，这是江苏民主政治建设的突破性进展，也是江苏在政治发展与政治稳定的进程中迈出的崭新步伐。

社会主义改造基本完成以后，全省开始转入全面的大规模的社会主义建设。在这一时期，一大批国有大中型企业和道路、港口码头等物质技术基础逐渐建立起来，经济文化建设等方面的骨干力量和工作经验也开始慢慢培养和积累起来。总体上看，党委、政府依据江苏的实际情况，系统地探索了适合江苏发展的政治发展道路，提出和制定了许多具有建设性的方针和政策。可以说，在开拓民主政治建设道路上，开创了重要的历史篇章。

然而，这一良好的开端，却因全国上下先后发动了的"反右"、"人民公社"、"大跃进"、"反右倾"、"社教"、"四清"及后来的"文化大革命"等运动的到来而受到严重破坏。这些运动把一些不同性质的问题都认为是阶级斗争或者是阶级斗争在党内的反映，使不少基层干部受到严重打击。指导思想的失误带来了接连不断的群众性政治运动，大批领导干部被批判和打倒，党组织和权力机构都陷入瘫痪或半瘫痪状态，由于各级权力组织和社会秩序的混乱，群众与政府之间、群众与群众之间武斗不止，人与人的关系极度扭曲，全市党政机关被迫停止一切活动，正常的生产和工作秩序遭到了破坏，国民经济最终走到了崩溃的边缘，也使刚刚建立起来的民主政治制度陷入了前所未有的困境。同时人民公社制度和统购统销制度的实行，国家长期实行城乡分割的工业化发展战略，限制商业，城乡之间基本没有劳动力的自由流动，大量农村劳动力被束缚在农村，农村非农化和城镇化进程基本停滞（1949年江苏城镇人口共437万，到1978年也只有570万）。加之完备而严格的口粮制度、公分制度、户籍制度等制度规章严重限制了江苏城市化进程。人多地少的省情，加剧了民生艰难。

三 20世纪70年代末至90年代初：重启与挑战

随着十一届三中全会的召开，邓小平同志提出："没有一个安定团结的政治局面，就不能安下心来搞建设。"①"没有民主就没有社会主义，就没有社会主义现代化"②，"调动积极性是最大的民主"③。"为了保障人民民主，必须加强法制，必须使民主制度化、法律化，使这种制度和法律不因国家领导人的改变而改变，不因国家领导人的看法和注意力的改变而改变。"④ 于是，党坚决废除了以阶级斗争为纲的错误指导思想，实行工作重心的转移，启动以放权、调动积极性为导向的农村改革和党和国家领导体制的大胆改革，调动农民、工人、知识分子、各民主党派成员等积极进行中国的经济、政治、文化和社会建设。江苏党委和政府依照党中央的指示，坚决贯彻民主制度化、法制化建设，恢复了人民代表大会制度，将"革命委员会"改为人民政府；整顿和恢复公、检、法系统，重建了司法体系，依法整顿社会秩序。江苏的政治建设开始进入一个重新启动和发展的阶段。

20世纪80年代初，邓小平就根据苏州的经济社会发展状况，描绘出"翻两番，建设小康社会"⑤的蓝图，提出"两个大局"⑥战略思想，要求东部地区先行一步，走快一点。历史人文底蕴深厚、区位优势明显、自然禀赋优越的江苏，抓住了改革开放的历史机遇，解放思想，开始抢抓机遇，率先发展。一是和全国同步确立以家庭联产承包经营

---

① 《邓小平文选》第2卷，人民出版社1994年版，第251页。
② 同上书，第168页。
③ 同上书，第242页。
④ 《邓小平文选》第3卷，人民出版社1994年版，第146页。
⑤ 同上书，第375页。
⑥ 同上书，第238页。

为基础、统分结合的双层经营体制的同时，也允许华西这样的坚持发展集体经济的探索。二是苏南的无锡、江阴、常熟、张家港、武进这几个"五虎县"的农民，以"四千四万"的创业精神，首开发展乡镇企业之河，形成了地域色鲜明的"苏南模式"，开创了中国特色农村工业化、城镇化、现代化的新路，加之如野火般迅速发展的个体私营经济的发展，不仅大大地促进经济快速发展，而且让老百姓的腰包鼓起来，缩小了区域内的工农差别和城乡差别，有助于社会的繁荣稳定。三是确立全面协调发展的价值取向，在经济发展的同时及时启动"科技兴省"（1994年改为"科教兴省"）战略、"区域共同发展"战略，倍加重视文化建设。科技、教育和人才的培养极大地奠定了政治发展和社会稳定的基础。1984年省第七次党代会提出的"积极提高苏南，加快发展苏北"，以缩小经济社会发展的地区差距，减少社会矛盾；文化上，张家港精神、昆山精神、华西精神等精神的提炼和弘扬，教化和引导了民众，也有助于社会的稳定。

20世纪80年代中后期到90年代初，随着资产阶级思潮的泛滥，国内爆发了严重的政治风波，以美国为主的西方国家以此为借口对中国经济实行严厉制裁。再加上在西方反共势力和平演变战略的影响下，东欧国家的社会主义制度发生了剧变。面临这些错综复杂的国际国内形势，无论是刚刚恢复的政治秩序，还是社会主义制度，都面临着一场严峻的考验。因此，政治稳定成为人们高度关注的重要话题。针对这种情况，邓小平特别指出：中国要实现自己的发展目标，需要两个条件，一个是国际上的和平环境；另一个是国内安定团结的政治局面，使我们能有领导有秩序地进行社会主义建设。[①] 在这一重要思想的引导下，党力迎国内国外的各种挑战，不仅平息了政治风波，还顶住了苏东剧变带来的冲击，稳固了社会主义制度。江苏省委积极响应党中央的指导，勇敢面对严峻考验，进行了以党、政、企分开为主要内容的改革，

---

① 《邓小平文选》第3卷，人民出版社1993年版，第210页。

明确划分各级权力机构的职责。这些举措都有力地推进了全省政治稳定和政治发展的进程

四 20世纪90年代中期至21世纪初：快速发展

20世纪90年代开始，国内政治走向持续稳定。1992年邓小平视察南方返京途中嘱托"江苏应该发展得比全国平均速度快"[①]。江泽民同志也多次亲临江苏调研，提出要求。围绕建立社会主义市场经济体制的战略目标，江苏首先以建立现代企业制度为重点，加快国有企业改革步伐，率先探索建立外部董事制度，创新监事会工作机制，健全公司法人治理结构，建立国有资产管理体制，促进国有资产增值保值。同时民营和私营经济的发展也开始加快，江苏尤其重视积极利用科技创新的积极效应，鼓励科技人员和"海归"创业，发展民营高新技术产业。这不仅促进了经济的发展，而且也极大地改变了政府、企业、民众的观念，有助于社会的稳定。其次，加快开放型经济的发展，主动呼应浦东开发开放，接轨大上海，苏南苏中不仅外向型经济快速发展，大力引进外资兴办开发区，昆山、苏州新加坡工业园等成为典型，而且逐步融入长三角经济圈，大大拓展了发展空间。引入外资的同时，江苏还积极地承接国际产业的转移，不失时机地加快发展以国际市场为导向的产业群，有力地提高了江苏经济的国际化程度，使得江苏的许多产业层面融入国际生产网络之中，全面参与全球产业链价值链的分工。与此同时，国外先进的管理理念和政府管理经验也大大地促进了地方政府理念和行为逻辑的改变，有助于官民关系的和谐和社会的稳定。最后，积极推行乡镇企业产权制度改革，建立起充满活力的乡镇企业发展新机制。在农村集体土地使用上，一方面积极探索建立土地流转机制；另一方面按中央政策，完成新一轮延长土地承包期30年不变的工作。积极稳妥地推进乡镇行政区划调整和小村撤并工作。在这一阶段，全省农

[①] 《邓小平文选》第3卷，人民出版社1993年版，第238页。

业结构和农村产业结构进一步优化，乡镇企业持续增长，个体、私营经济迅速崛起，农村市场体系建设和小城镇建设步伐加快，农村经济实力显著增强，全省提前基本实现小康。

可以说，90年代中期是江苏农村处于从传统社会向现代社会的转型时期，政治发展复杂多变，影响农村政治稳定的因素也不断增多。其中"三农"问题依然严峻（苏南苏北的差距中很重要的一个就是农村问题）。造成"三农"问题严峻的原因固然复杂，但农村政治发展滞后是关键性因素，因为农村的进步离不开城乡政治关系的合理建构，农业发展离不开农业产业结构的调整和农民政治地位的提高，农民问题的解决离不开农民民主权利的保障。如果抛开农村政治生活的民主化和农民政治参与渠道的拓展，解决"三农"问题就是一句空话。换言之，农村政治发展是解决"三农"问题的关键环节。因此，江苏省委和政府高度重视农村社会的公平与正义，找寻农村社会各个社会阶层利益的平衡点和结合点，重建农村利益共同体，比如，进一步完善人民代表大会制度，加强基层民主政治的建设，有序扩大公民的政治参与，使得社会主义基本民主制度日臻完善。总之，90年代中期到21世纪之初，是江苏全面改革开放和社会发展的一个高峰期。

五 21世纪以来：开启崭新格局

进入21世纪以来，中央提出全面建设小康社会目标后，江苏确立了"两个率先"的目标定位，在全国率先制定省一级的全面小康指标体系，明确提出走率先发展、科学发展、和谐发展之路，实行富民优先、科教优先、环保优先、节约优先方针，努力做到率先发展与科学发展相融合。在实践中遵循中央"四位一体"到"五位一体"总布局的要求，陆续提出"法治江苏"、"平安江苏"、"诚信江苏"、"文化江苏"和"绿色江苏"等的五大江苏建设，江苏的经济、政治、文化、社会、生态等方面都取得了巨大成就，呈现出崭新的全面协调发展格局。

然而，"三农"问题、区域南北发展差距问题、生态环境问题（某种程度上可以把经济发展方式问题归结到此）依旧成为制约全省经济发展和现代化建设的几个障碍。其中"三农"问题最为突出。农民收入增长困难，农民负担居高不下，乱摊派、乱集资、乱收费成为深受广大农村群众诟病的突出问题，以至于一段时间内出现了"农村真穷、农民真苦、农业真危险"的困局。对于农村发展的严峻形势，美国著名学者亨廷顿在分析世界范围内众多的"革命"现象时指出，"农村主导集团所起的作用实系决定政府稳定或脆弱的关键因素，得农村者得天下"[①]。这一分析判断对中央认识严峻的"三农"难题具有重大的启发作用。在这种情况下，中央政府力主推动了农村税费改革。在中央的统一部署下，江苏的农村税费改革也适时推进，加强了农民负担的监督管理，切实减轻了农民负担。实践证明，农村税费改革确实有效解决了农民负担过重的突出问题，极大缓和了紧张的干群关系，及时纠正了偏离正常轨道的乡村政治发展格局。

然而，农村政治发展中的新问题随之出现。其中最为突出的问题是干群关系受到新的挑战，乡村治理呈现"选择性治理"。就干群关系而言，取消农业税前，乡村干部与农民经常地打在一起，正如夫妻经常地吵嘴闹些矛盾；取消农业税后，乡村干部与村民之间不再有联系，就好比夫妻之间不再讲话。夫妻之间不讲话并不是关系更好了，而是关系更加复杂和微妙了。县乡政权在"按程序办事"的同时，却不自觉地促使了国家与农民的关系开始松懈下来。例如，县乡对各种风险更为敏感，因此愿意按程序办事，愿意注重软指标，愿意让村民依法选举村干部，等等。简单地说，取消农业税后，由于不再有完成财政收入任务及由此而起的"一票否决"的压力，县乡政府的行为逻辑也因此与取消农业税之前相比，发生了巨大变化。这个变化的核心就是尽可能将

---

① ［美］塞缪尔·P. 亨廷顿：《变化社会中的政治秩序》，生活·读书·新知三联书店1989年版，第267—268页。

责任推卸而将好处占有的官僚主义的逻辑，就是不作为的逻辑、不出问题的逻辑。县乡政府不再关心农民的生产与生活状况了，因为农民的生产生活状况与县乡政府的工作实绩基本无关。比如，出现严重水旱灾害，乡镇政府可以轻易地解释为天灾，而不去考虑组织农民抗灾救害，对此上级政府也无法考核。

就"选择性治理"而言，税改前的"体外循环"式的收费纽带被切断，随之乡镇的财力受到极大压缩，"吃饭"财政成为不少地方的常态，巨大的财政压力使"无钱办事"成为摆在基层政府面前的一大突出难题。与此同时，伴随改革进程的日益累进和迅速扩张的城镇化建设，大量的农村人口开始进城。大量人口持续不断的"进城"，带来的是农村的日益凋敝和破败，以致农村再度出现"无人办事"的窘境。在这些因素的综合作用下，乡村治理举步维艰。作为对这种状态的回应，不少基层政府选择了"选择性治理"——对自己有利的事情则予以治理，对自己不利的事情则听之任之，是否予以作为完全取决于对自己是否有利。在这种状态下，农村发展难免会受到制约。

第二节　江苏政治发展和政治稳定的特点和原因分析

从江苏政治发展的历程，可以看到：

1. **发展是前提，正确处理改革、发展和稳定的均衡关系是实现地方发展的基本条件**。在推进社会主义现代化进程中，改革、发展和稳定三者之间相互依存、相互促进。改革解放和发展了社会生产力，为经济和社会发展提供了强大动力；发展是硬道理，是解决一切问题的关键；稳定是改革和发展的前提，改革和发展必须有稳定的政治和社会环境。在改革和发展的不同时期，虽然具体条件、战略重点和根本要求有所不同，但都有一个正确处理三者关系的问题。必须适应不同的形势和条件，把改革的力度、发展的速度和社会可以承受的程度统一起来，使社会成员在改革和发展中普遍受益,共同享受经济社会发展的成果,在社会稳定中推进改革和发展,在改革和发展中实现社会稳定。

2. 经济长期持续的发展、城镇化水平的提高、产业结构的优化为江苏的政治发展和稳定提供良好的物质基础。历史上,江苏就是许多朝代的地域政治文化中心,宋代以后一直是中国经济发达的地区之一,近代成为我国民族工业的发祥地和重要制造业基地。现实条件上,江苏科技教育发达,人才荟萃,城镇密集、交通便利,基础设施齐全,已经是国际化的上海都市圈和长三角经济发展带、沿海开放经济带的核心成员。改革开放以来,江苏人解放思想,抢抓住了乡镇企业大发展、扩大对外开放、民营企业大发展的三次机遇,实现了三次大的跨越,经济连续30年快速发展,年均增长速度除了五个年份外都在10%以上,地区生产总值30年增长了约100倍,创下中外经济发展史的一个纪录。因为"自'二战'以来,能够在30年内保持8%以上经济发展速度的只有少数几个国家和地区;保持10%以上经济发展速度的只有韩国一个国家,而且这些国家和地区人口均未超过5000万"。[①] 工业经济规模30年以年均14.4%的速度增长。农业就业人口由1978年的69.7%降为2007年的29.8%,第二产业和第三产业的就业人口分别为34.8%和35.4%,说明江苏的工业化程度比较高。如今新型工业化道路中三次产业结构均衡发展。非公有制经济的比重2003年首次超过公有制经济,达53%。2005年非公经济对全省经济增长的贡献率达到75%,极大地富裕了民间,人均地区生产总值30年后比全国均值高出近1.3万元。城镇化率由1978年的13.7%上升为2006年的51.9%,苏南城镇化率超过67%,基本达到中等发达国家水平。[②] 在城市化高度发展的基础上,新世纪江苏又积极跟进统筹城乡,工业反哺农业,城市支持农村,加大对"三农"的投入,缩小城乡差距。江苏的许多经济指标如今已

[①] 孙学玉:《中国特色社会主义在江苏的成功实践》,江苏人民出版社2008年版,第15页。
[②] 同上书,第24页。

经达到或接近中等发达国家的水平。好的经济发展极大地解决了就业问题，30年的就业总增长率为66.3%，城镇登记失业率由1978年的5.4%降为2007年的3.2%，总降幅为40%[①]，江苏不仅解决了本省城镇劳动力的就业问题和农村剩余劳动力的转移问题，而且还吸纳了数百万外省劳动力就业。江苏经济社会的发展，奠定了政治合法性的物质基础和社会条件，也使得民众的民主意识和法治化水平随着市场的发育而发展，这也是江苏几十年来没有出现大的社会问题，社会和谐稳定的重要条件。

3. 江苏的高度开放和外向型经济的发展大大地促进政府与民间观念的解放、规则意识和法治意识的发展，有助于政治发展和稳定。沿海、沿江、沿河（大运河）的区位条件使得江苏在历史上比较开放，郑和下西洋的壮举就是从太仓出发的。近代以来随着通商口岸的发展，海上贸易的发展，江苏的开放程度扩大。改革开放以来，江苏较好较快地抓住了对外开放的机遇，承接国外产业转移的机遇，大力引进外资、资源、市场，借鉴国外的体制机制和发展经验，尤其是90年代以来确立外向型经济的战略，开放型经济取得长足发展。

21世纪以来随着全球化的加速，江苏敏锐地加快开放型经济的转型升级，确立"内外联动、互利共赢"的方针，全面提升经济的国际化水平，变招商引资为选资，引进龙头型项目和基地型项目，将外资更多地引向服务业、农业、高端制造业、节能环保产业和苏中苏北地区，以开放促转型。尤其是开发区建设实现了跨国企业生产基地的密集转移，大大提升了苏南经济和全省经济的国际化水平。更重要的是，江苏利用国际产业资本转移的机遇加快区域的共同发展，提出"四沿战略"（沿江、沿沪宁线、沿东陇海线、沿海），致力于全省范围的生产力布局的优化，化解历史上长期存在的区域发展不均衡问题，对于全省的政治稳定意义重大。同时外资、外企、对外人员交流、相关的产业的联

[①] 孙学玉：《中国特色社会主义在江苏的成功实践》，江苏人民出版社2008年版，第45页。

动，对于江苏企业的发展理念体制机制完善、各界民众的观念和理性行为、政府的行政行为和改革举措、执政党的执政理念、法治观念和水平都是极大地改变，很好地保证了江苏官民的良好沟通，这也是江苏很少发生群体性事件和极端事件，保持良好温和发展的重要原因。

4. 高度重视区域的全面协调科学发展，注重经济发展起来后的利益协调机制和公平机制的建立，奠定了政治的发展与稳定经济社会文化环境和外部基础。富裕并不必然也不保证政治社会的稳定。江苏在发展经济的同时，首先提出"富民强省"、"富民优先"。2001年提出富民强省战略，就是在强省的同时，尽快让全省人民都过上富裕生活，实现经济富的同时百姓富、地区富、城乡人民共富。想方设法提高人民收入水平，建立完善的社保体系；提高人民的精神文化生活水平，形成文明的生活方式；提高人民的素质和参与公共事务的能力。2006年进一步提出"富民优先"，意在强调富民是执政之要，强省之基。为此积极实施扩大就业的战略、提高城乡居民的收入、完善社会保障体系等措施。

其次，统筹兼顾，促进城乡、区域、经济社会协调共同发展。在江苏经济快速发展的同时，也客观存在城乡发展不平衡、区域发展不平衡、经济社会发展不平衡三条短腿，影响经济社会和政治发展政治稳定。（1）为了克服城乡二元发展的不平衡这条短腿对政治稳定的影响，扎实推进新农村建设，通过工业化致富农民，城市化带动农村，产业化提升农业，加大支农惠农的力度，在建设安排、分配政策和财政支持上倾斜"三农"。近些年来坚持以农民增收为核心，从农民最迫切和受益的事情抓起，实施新农村建设"十大工程"，促进"三农"发展。（2）对于区域发展不平衡的短腿，在90年代区域共同发展战略的基础上，提出"提升苏南发展水平，促进苏中快速崛起，发挥苏北后发优势"的方针，制定全省生产力布局的总体规划，出台三大区域的产业发展规划、城镇体系发展规划、跨区域重大基础设施项目建设规划，启动"海上苏东"和"徐连经济带"以及"沿江大开发"。这些措施的推行有利于全省发展的平衡性和稳定性。（3）针对经济社会发展不平衡这条短腿对全省政治发展和社会稳定的影响，江苏在科学发展观的指导下，大力发展各项社会事业。一方面，扩大就业、增加居民收入，扩大民生需求；另一方面，科技、教育、医疗卫生、体育、人口事业、住宅人居环境建设、环保事业等都出台了具体的措施，还先后组织建设了5个国家级和6个省级可持续发展综合实验区，为江苏的改革提供了各具特色的经验。

最后，改善民生，构建与全面小康相适应社会保障体系，从根本上促进社会和谐，保证安民和稳定。利益协调是发展起来的地区最重要的一项工作。利益关系的和谐是社会和谐的核心，是政治稳定的关键所在。江苏建立了以"五个兼顾"为重点的利益协调机制，兼顾国家、企业、群众的利益，兼顾发展能力强的群体与发展能力弱的群体的利益；兼顾改革中得利多和得利少的群体的利益，兼顾先富和后富群体的利益；兼顾不同行业、职业群体的利益，使全省人民共享改革的成果，根本上来确保政治稳定和社会和谐。为此，江苏一是加快建立了社会公平保障体系，依法促进权利公平、机会公平、规则公平和分配公平，强调稳定也是政绩，在全国率先开展平安创建，切实强化信访工作，化解不稳定因素。二是将效率与公平结合，注重建立与经济社会发展水平相适应的新型社会保障体系，来保障民生，实现社会公平，促进社会和谐稳定。一方面，构建了全国领先地位的城镇社会保障体系，医疗、养老、失业、工伤、生育保险基本全覆盖所有城镇，社保基金筹资能力和水平不断提高，管理体制不断科学化；另一方面，推动农村社保体系发展也走在全国前列。新农合全参保率全国第一。2007年开始初步建立了农村社保体系基本框架，形成被征地农民基本生活保障制度、农民最低生活保障制度、新农合制度和农村社会养老保险制度四条基本保障线，确保农民老有所养、病有所医、贫有所助。最近几年，江苏又致力于城乡一体化的社会保障制度，破题农民工社会保险，逐步纳入城镇社会保险体系，对被征地农民进行培训、就业、生活保障"三位一体"的计划，探索城乡社保零障碍的对接机制。另外还在创新社会管理体制上探索社区建设、村民自治建设和民间组织培育上的探索。这些措施，极大地保证了江苏快速发展中城市和农村社会的稳定。

5. 注重民主政治建设和执政党建设，直接有利于政治发展和政治稳定。高度关注政治建设是江苏改革开放三十多年来的一条重要经验。改革开放初期，不仅有胡福明文章使江苏在全国走在思想解放前列，而且江苏在推进经济发展的同时始终高度重视政治建设的发展。因为高度关注政治建设，才能始终坚持和维护领导发展的政治核心，才能始终创建并优化发展所必需的政治社会环境，才能始终充分激发与引导人民群众发展的积极性和创造性。也正是高度重视政治建设，才有江苏三十多年经济社会的高速发展和稳定。

但是在新的历史发展阶段，经济快速发展和城市化快速推进，城乡居民参与的热情不断高涨，与经济社会发展中长期形成的结构性矛盾和问题相遇，更凸显注重扩大人民民主的需要；经济社会发展利益格局的调整与民众思想独立性、选择性、差异性的结合凸显对政治生活民主化、法治化、规范化、程序化的要求提高。

江苏及时回应，首先，调整完善了全面建设小康社会的指标体系，特别强调"六个更加注重"，其中"更加注重扩大人民民主"方面，将政治参与有序扩大、基层民主制度更加完善、法治江苏建设水平明显提高、全省人民在经济政治文化等方面的权益和社会公平正义得到切实保障，社会安定有序、和谐稳定，人民群众安全感进一步增强。描绘出美好江苏建设全局中民主政治发展的美好蓝图。

其次，积极营造并优化江苏率先发展的政治环境。三十多年来江苏始终将政治发展的立足点定在毫不动摇坚持经济建设，使政治建设的成果服务于经济社会的快速发展。（1）用改革精神建设，锻造率先发展的坚强领导核心。一方面，加强党的执政能力建设和先进性建设，建树各级党委的民主执政、科学执政、依法执政理念，造就一支"三宽四有"型干部队伍，通过"三个代表"重要思想学习实践活动和保持先进性教育实践活动、科学发展观实践活动等的展开，造就基层社会贴近民众的党员队伍。另一方面，用改革创新精神推进党内民主建设，在创新选人用人机制、推进党务公开、完善党代会制度和党的委员会制度、扩大基层民众多种实现形式等方面进行系列探索，党内民主的渠道、形式和内容的创新大大地增强了党的领导核心地位。（2）积极稳妥地推进政治体制改革，通过"法治江苏"建设、"平安江苏"建设和服务型政府建设营造出江苏全面发展和稳定的法治环境、政府公共管理环境和社会秩序环境。

最后，高度重视依法治省。我省早在2004年就颁布了省级区域法治建设的纲领性文件——《法治江苏建设纲要》，并于2012年提出加快建成全国法治建设先导区的目标。省委《法治江苏建设纲要》提出，到2020年基本实现我省政治生活、经济生活、社会生活的法治化，也就是基本建成法治化的省份，具体分三阶段：2005年前完成规划、动员、部署工作；2006—2015年基本实现核心区域（中心城市）法治化；2016—2020年全面提高全省区域的法治化水平。2004年国务院《全面推进依法行政实施纲要》提出，经过10年左右坚持不懈的努力，基本实现建设法治政府的目标。2004年12月，省政府印发《关于贯彻落实国务院〈全面推进依法行政实施纲要〉的意见》，明确提出"在全国率先基本实现建设法治政府的目标"。这是根据我省实现"两个率先"，法治建设也要率先的要求提出来的。2011年3月，省政府印发《关于加快推进法治政府建设的意见》，在标题和内容上进一步突出了一个"快"字，这也是率先基本实现建设法治政府目标的迫切要求和体现。经过10多年不懈努力，法治江苏建设取得明显成效，各级党委依法执政能力不断提高，宪法、法律在江苏得到有效实施，法治政府建设有序推进，司法公信逐步确立，法治环境不断优化，人民群众对法治建设的满意度逐年提升。

第三节 江苏现代化转型中政治发展与政治稳定的特点及原因

1. 调研概况

对于社会科学研究来说，客观务实的调查分析既是确保研究工作顺利进行的基础，也是激发研究者问题意识的重要途径。基于此，本课题组在研究过程高度重视实证调查环节，根据江苏经济社会发展的区域特征，先后选择了苏州、南通和淮安三个调研点，以分别代表苏南、苏中和苏北三大区域。

总体上看，调研方式主要有两种。一是抽样问卷调查。首先是借用2012年在苏州、南通和淮安三地市委党校主体班次集中学习的机会，向主体班次的处级干部、正科级和青年后备干部学员发放问卷，共计发放问卷360份，回收有效问卷343份，有效卷占95.2%。面向主体班次学员发放问卷主要是采取"发放—留置—回收"的办法。同"现场发放问卷—现场回收"的方法相比，这种方法的好处是有利于给被调查者留下充足的空间，让其认真思考继而自由填写。毫无疑问，采取这种路线的问卷调查，其对象全部为党政领导干部。

在问卷调查中还采用了二次抽样问卷，这部分调查主要在南通开展。调查者委托南通市2012年秋季主体班次的部分学员，将同样的问卷带回其所在单位或区域，让其他干部、群众填写问卷。这种方法共计发放问卷600份，回收有效问卷513份，有效回收率占85.5%，其中干部179人，普通群众295人。共涉及崇川区、通州区、如皋市、如东县、海门县、启东市、海安县7个县（市、区），狼山、城东、河口、二甲、柴湾等14个乡镇（街道）的24个城乡社区。

总体上看，这两种方式共投放问卷960份，回收有效问卷856份，有效回收率较高，达89.1%。从性别看，54.3%的受访者是男性，45.7%的是女性；从学历看，初中及以下占15.2%，高中占21.5%，大专占23.9%，大学本科占29.1%，硕士及以上占10.3%；从职业身份看，领导干部占49.1%，普通职工和群众占38.6%，自由职业者占4.7%，务工人员占4.1%，待业人员占3.5%。

二是个别访谈及座谈。主要是从三个层面展开。首先是在三个主体班次学员学习期间，先后与67名学员围绕主题展开深入交流；其次是在三个主体班次结业答辩汇报时，与相关议题的汇报者及学员展开讨论；最后是在南通市政法委、信访局、淮安市信访局和淮安市清河区政法委等有关部门、县（市、区）、乡镇（街道）等共计19个单位，与干部、群众展开座谈和个别访谈所获得的基本数据。总体上看，共计访谈397人次。访谈是非结构式的，但也紧密围绕中心议题。

2. 江苏三大区域政治发展与政治稳定的共性特点

结合苏州、南通和淮安三地的实地调研素材和有关文献分析可以看出，江苏三大区域政治发展与政治稳定有三大共性特点：

（1）理性认识并且妥善处理改革、发展和稳定的均衡关系

检视三大区域发展历程，一条清晰的发展脉络得以显现出来：尽管三地在具体的发展过程有所差异，但是基本的脉络是相似的。它们大多经历了"新中国成立至20世纪60年代末期：迈出崭新步伐；70年代初期至80年代初期：遭受挫折；80年代中期至90年代初期：进程重启与挑战并存；90年代中期至21世纪初：在磨合中进取；21世纪以来：开启崭新格局"的发展历程。纷繁复杂、充满坎坷的发展历程给人们带来了很多的启发，但是其中最大的启发莫过于告诉人们，要理性认识并尽可能的妥善处理改革、发展和稳定的关系。

事实上，这三大区域正是做到了这一点。无论是地方党委政府还是广大人民群众都充分认识到，发展是前提，正确处理改革、发展和稳定的均衡关系是实现地方发展的基本条件。在推进社会主义现代化进程中，改革、发展和稳定三者之间是相互依存、相互促进的。改革解放和发展了社会生产力，为经济和社会发展提供了强大动力；发展是硬道

理,是解决一切问题的关键;稳定是改革和发展的前提,改革和发展必须有稳定的政治环境和社会环境。在改革和发展的不同时期,虽然具体条件、战略重点和根本要求有所不同,但都有一个正确处理三者关系的问题。必须适应不同的形势和条件,把改革的力度、发展的速度和社会可以承受的程度统一起来,使社会成员在改革和发展中普遍受益,共同享受经济社会发展的成果,在社会稳定中推进改革和发展,在改革和发展中实现社会稳定。

从调研情况来看,这三大区域一方面是全力维护政治稳定,为政治发展创造良好的政治社会环境,实现社会和谐稳定;另一方面则积极稳妥地促进政治发展,为政治稳定奠定坚实基础。比如,《南通市国民经济和社会发展第十二个五年规划纲要》中提出要"全力维护社会稳定,全面深化法治南通建设,进一步强化法治城市、法治县(市、区)、法治乡镇(街道)创建,深入推进依法行政、公正司法、法制宣传,为全市加快现代化提供稳定的社会环境和良好的法制环境"。南通在全力维护政治和谐稳定的同时,也寄希望于社会经济的发展能够带动政治发展,使其满足社会经济发展的需要。对此,《南通市国民经济和社会发展第十二个五年规划纲要》从两个方面提出了要求:一是扩大公民有序政治参与。拓展民意表达渠道,依法保障公民的知情权、参与权、表达权与监督权。充分发挥人大、政协、民主党派、人民团体、社会组织采集民意、反映群众诉求的积极作用,引导群众依法理性有序地表达个人意愿。完善舆情汇集分析机制,健全公共政策协商沟通机制和群众参与公共政策制定、实施、监督以及评估的常态化制度,确保决策的合法性、合理性。二是全面推进依法行政。加强依法行政制度建设,推进政府各项行政管理规范化、法治化,着力提高依法行政水平。健全科学决策、民主决策、依法决策机制,完善公众参与、专家论证、风险评估、合法性审查和集体讨论决定等重大决策制度,强化行政问责。推进行政执法体制改革,改进执法方式,规范执法行为。加大政府信息公开和办事公开力度。强化行政机关层级监督和专门监督,改进行政复议，提高政府公信力。

　　淮安在健全完善社会管理体系、维护社会稳定等方面也作出了积极探索。比如，通过构建"126"信访模式，提升了信访管理水平，为全省创新信访管理提供了淮安"样本"；早在2006年，就在全省率先探索了"重大事项社会稳定风险评估"工作法；通过优化整合资源，在苏北率先开展了网格化管理试点。

　　在"理念是行动的先导"的思维逻辑下，认知对于行动异乎重要。同样，对于民主政治与政治稳定关系的认知将直接影响着政治发展与政治稳定的实际绩效。从调研数据来看，相当多的受访者认为，要靠发展民主政治来解决社会稳定，民主政治的发展对社会政治稳定具有推动作用。部分人认为，要积极发展民主政治，否则会导致不稳定。值得关注的是，没有人赞同"发展民主政治肯定带来社会不稳"这一命题。这从反面印证了受访者对民主政治发展的认同。在回答"您认为，应该如何处理社会稳定和民主政治发展的关系"的问题时，赞成民主政治发展与社会稳定二者并重的人数仍然占比超过70%，这显示出受访者对发展民主政治与保持政治稳定具有较为明显的偏好。

　　应该说，这些判断都是受访者结合三大区域政治发展实际而作出的思考，从而也说明当前的改革依然要在保持社会和政治稳定的前提下积极稳妥地推进，而不可能一蹴而就。在经济的高速发展和社会转型的双重影响下，在改革问题上一个小的失误都可能被放大，甚至成为影响社会稳定的诱因。

　　（2）坚持渐进有序、和谐发展的理性推进策略

　　在基本理念得以明确后，能否积极推动政治发展与政治稳定，重点则在于能否坚持合适的推进策略。从调研情况来看，三大区域正是坚持了渐进有序、和谐发展的理性推进策略，才实现了政治发展与政治稳定之间的和谐共进。这主要集中表现在两个方面。

　　一是坚持增量累进式的发展基调。作为一个普遍且无以回避的客观事实，任何一个政治共同体都会沿着不同的路径走向政治发展。30多

年的改革开放历程使得政治发展成为人们衡量中国整体文明进步的重要标尺。这种发展既包含着对过去政治发展历史的经验总结，也预示着对未来政治发展的深思。总体来看，30多年政治发展历程积累了三个基本经验：其一，在坚持基本政治制度不变的前提下，实现了适时更新和适应性变革；其二，政治发展的核心主体——中国共产党保持着积极的执政理念和革新意识，从而释放了政治制度所蕴含的巨大活力；其三，政治发展所强调的制度化与民主化在稳步前进。一定意义上讲，这些理念、制度和实践共同构成了政治发展不可或缺的存量。

然而，面对日益变化的现代社会，单纯拥有"存量"并不足以构成政治发展的强劲动力，政治发展的稳步前进还亟待"增量"。"存量"是政治发展的基础和根基；"增量"则是政治发展的新动力、新源泉。相对而言，"增量"是新增的政治发展动力和权益。"增量累进式发展"就是，在不损害既有政治发展成果的前提下，尽可能地扩展政治发展空间，优化政治发展结构，提升政治发展质态，使公众能实实在在地感受到政治发展的收益。简而言之，"增量累进式发展"期望通过持续不断的改革创新和稳妥前进，达到政治发展的"帕累托最优"。其基础是与现代政治文明相契合的基本政治制度；其动力是政治发展核心主体不断革新的政治发展理念和创新举措；其路径是在坚持基本政治制度框架下的政治建设。

调研发现，三大区域政治发展的历史脉络和实践经验透露出这样一种启迪：它们之所以能保持政治发展与政治稳定的和谐共进乃在于坚持了渐进有序的发展策略。这种发展策略实际上就是一种增量累进式发展。它既考虑到了出于转型发展攻坚阶段的地区对民主与稳定的合理期待，又看到了实现政治发展进程所应突破的现实困境，因而具有深厚的历史根基和较强的现实诉求。"中国的改革不是激进式的，而是渐进式的。激进式改革与渐进式改革的最大区别在于：前者是在彻底否定旧体制、破坏旧体制的基础上进行的；后者则是在坚持基本宪法制度、不破坏正常的经济政治秩序的前提下，逐步放松控制，由易到难,循序渐进的。在秩序不稳的条件下进行整体性的体制改革风险较大,所以人们选择了后者。"①

从这三大区域政治发展实践来看,"增量累进式发展"契合其实际。从程序看,"增量累进式发展"明确地提出了推进区域政治发展进程的重点步骤及其合理路径。根据其基本逻辑,在改革发展的过程中,三大区域既要适时突破性而不是突变的政治改革,又要在坚持基本框架不动摇的前提下实现个人利益与社会利益的合理均衡并能切实维护社会的稳定有序,从而增大公众的发展权益。从方式看,"增量累进式发展"强调"增"和"累"的同时并进,既重视"增"对政治发展的本体价值,又注重"累"对自身政治发展的现实意义,以渐进稳妥的方式来实现政治发展的"帕累托最优"。因此,"增量累进式发展"除了强调"以点带面、逐层累进"以外,还特别强调"试错",竭力倡导"改革试点"、"经验推广"式的发展理路,尽可能地扩大地方改革创新的空间,增大地方的自主性,善于将地方的先进举措和创新实践适时上升为一个地区的正式制度,从而力争在更大的范围加以推广和应用。从目标看,"增量累进式发展"的最终目的在于"善治"。政治学意义上的"善治",其着眼点是整个区域治理效益的最大化。对于政治发展而言,善治也是其基本诉求,通过政治生活中各主体的互动、合作来实现政治发展收益的最大化,因而也是政治发展的最佳状态。

二是以制度化建设奠定促进发展的规范基础。在派伊看来,政治说到底就是对资源进行权威性分配的过程。既然是对资源进行分配,难免会出现不同的意见纷争。为此,如何有效调处这些不同的意见乃至纷争,成为政治生活中无以回避的重大现实问题。从根本上讲,稳妥、积极的解决这些问题,主要源于制度建设。因为,制度本质上讲是约束人们行为规范、减少人们行为不确定性因素的规章和规则。经验表明,检验现代政治生活是否科学、合理的一条通则就是是否具备健全、完

---

① 林尚立:《权力与体制:中国政治发展的现实逻辑》,《学术月刊》2001年第5期。

善的政治制度,能否保证这些制度得以有效运行。

健全完善的政治制度是促进政治发展和维系政治稳定的基本载体。在南通的调研过程中,80%的干部认为,近年来南通在政治制度建设方面作出了很多且富含成效的探索,比如基层社会管理问题,先后制定了《南通市社区发展"十二五"规划》、《中共南通市委南通市人民政府关于加强城乡社区建设的若干意见》、《市政府关于深入推进企业工资集体协商工作的意见》等规章制度。围绕信访问题,先后制定了《关于调整市处理信访突出问题及群体性事件联席会议成员和强化工作机构的通知》、《市政府关于进一步完善市政府工作推进、协调、督查体系的意见》等规章制度。围绕反腐倡廉,先后制定了《南通市管领导干部道德测评办法》、《南通市公务员道德诚信行为规范》、《派驻农村纪检监察工作室管理办法》、《关于进一步加强乡镇纪委建设的若干意见》等制度。围绕社会组织建设,先后制定了《南通市社会组织评估管理办法》等规章制度。围绕民生问题,先后制定了《关于进一步加强社会建设加快构建民生幸福城市的意见》、《关于进一步完善困难群众价格上涨动态补贴机制的通知》。围绕基层党建,先后出台了《中共南通市委南通市人民政府关于做好新形势下群众工作的实施意见》、《关于实施大学生村官"2523"培养工程的意见》等制度规范。围绕社会保障,先后制定了《南通市"十二五"社会保障发展规划》、《市政府关于加快推进我市社会养老服务体系建设的意见》、《全市深化医药卫生体制改革 2012 年度主要工作安排》。围绕政务流程等问题,先后制定了《南通市人民政府机构改革实施意见》、《南通市电子政务"十二五"发展规划》、《南通市深化行政权力网上公开透明运行工作实施方案》。围绕公共危机治理,先后制定了《南通市"十二五"药品安全保障规划》、《南通市突发公共卫生事件应急预案》、《南通市突发公共事件医疗卫生救援应急预案》、《南通市水上搜救应急预案》、《南通市推进社会管理创新工作实施意见》、《中共南通市委南通市人民政府印发关于推进长安南通建设意见的通知》。围绕基础教育发展,先后制定了《南通市"十二五"教育事业发展规划》、《南通市推进县域义务教育优质均衡发展工作实施方案》。诸多制度，不一而足。对于制度于政治发展的价值，调查问卷结果显示，63.8%的受访者认为，制度建设是维护社会稳定的主要凭借。参见下表：

您认为，维护稳定最根本的要做什么？

选 项	所占比例（%）
改革信访制度、拓展公民参与渠道	23.3
加强军队的力量	8.6
发展经济	17.1
进行政治体制改革，尤其是转变政府职能	22.6
健全收入分配制度	17.9
加强公民社会建设	8.2
不清楚	2.3

制度的价值不单纯的在于得以制定出来，而是在于能否得到积极应用。如果一个制度，仅仅是以能否得以制定为目的和归宿，那么这种制度并不真正具备持续的生命力。制度唯有在运行和遵循之中才能体现其生命力和价值。访谈中，围绕制度而来的争论颇为激烈。但总体来看，争论双方的焦点不在于制度缺失，而是如何使现行的制度规章得以有效运行。尤其是乡镇（街道）干部对此感同身受："现在我们缺乏的不是制度，而是如何让已有的制度得到有效遵循。如果制度得不到有效遵循，这样的制度不如不要，不然还会带来更多的问题。"确实如此。比如，在推动政务（村务、居务）公开的过程中，虽然三大区域均在不同程度上都制定了相应的制度规章，而且非常翔实，但是在推行过程中却并没有得到有效执行，公开的政务信息多是公共事务的基本信息，真正具有实际价值的、反映实际问题的信息并没有公开。所以群众多调侃，"公开栏"成了"公开难"。这就是制度的形同虚设。

制度的价值还在于其伦理，制度伦理是考量制度是否具有价值的重要标尺。"康芒斯告诉我们，制度虽然很复杂，但是不管何种制度都是一种价值选择的结果，纯粹科学的制度是不存在的。既然是一种价值选择行为，就必须考虑到制度本身的公平、正义，以及制度运行是否有利于公共利益的维护等价值层面的因素。因此，从制度本身的选择和设计制度和人之间的互动关系、制度功效等方面出发都要求考虑制度伦理问题。"① 政治制度建设更应考虑制度伦理问题，即应该确保所有的相关制度安排是公正的、是面向所有的利益相关者，没有制度起点上的歧视。调研发现，三大区域在制度建设上均颇为重视制度伦理问题。比如，针对流动人口公共服务的问题，南通制定了《南通市居住证管理暂行办法》，它在基本公共服务方面作出了全方位的改进和提升，不少项目处于全省领先水平。比如，让流动人口在子女上学、住房保障和看病就医等方面享受与本地居民一样的同等待遇，真正实现了同城待遇。虽然这些制度也存在执行力不够强的问题，但是首先表明了其伦理本位价值。

总体上看，三大区域均高度重视制度建设，进而为政治发展与政治稳定奠定了较好的规范基础。当然，客观上讲，这些政治制度化建设尚处于中等偏上水平。之所以说是"偏上"，是因为南通在整个制度建构上迈出了坚实步伐，在政治生活的主要方面制定了涉及面广、深入透彻的制度。之所以是"中等"，主要是因为制度在执行方面没有得到有效落实，制度执行力出现了偏差。这说明，在政治发展过程中，三大区域需要在制度执行方面作出更多的探索和努力。

（3）政治发展与政治稳定的基础较为巩固

首先，政治合法性基础较为稳固。合法性是任何政权都高度重视的现实议题，但是由于政治生活中充满了诸多变数，作为政治权力的基本属性和"活水之源"，合法性的一朝获得难以保证其长期拥有。因

---

① 齐卫平、陈朋：《协商民主：社会主义政治文明的有效生长点》，《贵州社会科学》2008年第5期。

此，构建稳固的政治合法性基础，不能寄希望于某一维度，而要维系于多个层面。一般而言，巩固政治合法性可以从维护社会成员的经济利益、开展富有成效的思想教化、保障和拓展民主权利、增强政治认知等层面入手。

马克思主义政治学有一条基本原理：利益是人们作出某种政治行为的主要动因或出发点，并成为公民作出价值判断的主要着眼点。当前，伴随改革进程的日渐深入，人们的利益观念得以大大提升，能否满足自身的利益诉求随之构成人们认知现行政治体系的主要思考基点。访谈发现，绝大部分受访者都是以其基本利益是否得到有效维护为着眼点作为对政治体系的认知。尤其是在农村社区的访谈中，超过90%的普通群众对近年来所在地区所实施的惠农政策深表赞同，认为近年来中央和地方实施的"以工哺农、以城带乡"的系列政策切实有效地维护和提高了农村群众的基本利益。出于税费改革前后经济负担情况的鲜明对比，很多受访者发出了由衷的感慨："从这件事情上，确实可以看出党还是英明的、伟大的。"这种认同随之直接地反映在他们对苏州、南通两地提出的"率先基本实现现代化"的态度上。虽然受访农民不一定能完整表达现代化的基本含义，但是基于其基本利益能得以维护和提高的经验，他们仍表示了较高的认同和赞许。这说明，切实有效地维护群众的经济利益在提高南通群众对政治体系的认知程度上发挥了积极作用。

开展富有成效的思想教化亦是巩固政治合法性基础的一种方式。在现代政治生活中，它主要是政治权威通过政治系统中的政治渠道或大众传媒向公众传送、灌输相应的政治制度、政策、法律、政治信仰、政治话语以构建其对政治系统的拥护和忠诚。当前，这种方式既有电视、广播等常规模式，也有网络等新兴媒体。调研中，几乎所有受访者都坦诚表示，只要有机会，他们每天都会观看中央电视台的"新闻联播"节目，80%的人经常观看所在地区的新闻节目，30—40岁之间的大部分受访者能大致说出科学发展观的基本内涵。调查时经常会看到竖立在田间地头、路边的巨大牌幅，诸如"中国特色社会主义是我们坚持的正确发展道路"、"坚持科学发展，推动中华民族伟大复兴"、"争当社会主义建设和改革开放的排头兵"等等。在目前信息网络迅猛发达的情况下，电视、广播、报纸、网络均已进入寻常百姓家。以南通电视广播例，除了可以收视中央各频道及其他省市电视节目外，还有自己开发的四套地方电视节目和广播节目，各县市也有自己的电视节目。这些传播途径极大地发挥了思想观念传引和增强公众对政治体系认同的积极作用。所以，在回答"您认为，宣传民主政治建设最有用的是哪种途径"的问题时，41.3%的受访者选择了"电视、广播、报纸、网络"。

从这些基本数据可以看出，三大区域的政治合法性基础于根本上是巩固的。这来源于公众的经济利益得到了有效维护，地方党组织开展了富有成效的思想舆论宣传，社会成员民主权利得以切实保障和政治认知水平适时提升，等等①。

其次，法治理念在不断转化为客观务实的实践活动。十八大报告明确提出，法治是治国理政的基本方式。要推进科学立法、严格执法、公正司法、全民守法，坚持法律面前人人平等，保证有法必依、执法必严、违法必究。调研发现，随着改革转型的深入推进，三大区域的各级领导干部都日渐认识到法治的重要价值，并积极推动了法治实践的顺利开展。比如，在"十一五"时期，南通先后出台了一系列规章。这

---

① 当然，调研也发现一些不容忽视的问题，这主要表现在：地方干部过于狭隘的认为，政治合法性基础的巩固主要是建立在地方经济发展水平提升的基础之上，有的基层干部甚至想当然地认为，只要实现了经济发展就会自然提高公众对政府的认同。很显然，这种看法是极其错误的。经济发展与政治合法性之间并不具备直接的必然联系，二者之间更不存在一一对应的线性关联。经验表明，经济发展有其自身的周期规律，在全球化日益加速的当前，任何一个国家都难以保证其经济发展能在整个世界经济浪潮中独身其外。因而，如果将合法性根基完全寄希望于经济发展，则会出现一旦经济发展出现停滞，合法性根基将会轰然坍塌的致命危险。此外，在网络社会已经来临的情况下，面对公民即网民的客观现实，一些干部对此束手无策，不时发出"老办法不管用，新办法不会用"的无奈感慨。尤其是当群众利益诉求在现实生活中无法得到满足而借道网络来表达民意时，很多干部的应对理念和策略技巧，还显得捉襟见肘。

些规章的出台，极大地提升了南通法治水平。基于这些成绩，南通荣获了社会建设领域时间跨度最长、涵盖内容最广、社会影响最大的全国社会治安综合治理最高奖项——"长安杯"。

调查结果显示，在回答"当前的法治国家、法治社会、法治政府实现程度怎样"的问题时，33.7%的受访者选择了"部分实现"；选择"几乎全部落空"的只占9.9%。这说明，法治进程虽然面临一些困难，但是其总体进展还是不容回避的。

3. 江苏三大区域政治发展与政治稳定的个性差异

如前所述，三大区域在推动政治发展和维护政治稳定的过程中存在一些共通之处，但是正如世界上从来就不存在两片完全一样的树叶，苏州、南通和淮安分别代表的苏南、苏中和苏北三大区域，其政治发展与政治稳定也存在显见的差异。

（1）苏南：基础扎实但政治发展整体上仍滞后于经济建设的特征依旧明显

鉴于历史积淀和现实发展推动，苏南政治发展的基础相比较其他两个地区而言，客观上要更加扎实和稳固。这集中表现在行政体制改革和基层民主发展两大方面。就前者而言，改革开放以来，苏州的政府机构改革逐步到位，职能协调的大部门体制初步建立。如通过行政审批制度改革，行政审批事项由2005年874项减少到2010年554项，减幅为36.61%。行政许可集中审批管理模式改革取得阶段性成果，行政权力公开透明运行机制进一步健全，市级职能部门权力项目名称、法规依据、运行程序等多种形式对外发布并接受监督。"两级政府、三级管理、四级网络"的城市管理体制初步完善，"条线结合、属地为主"的管理职能得到强化。"四位一体"的基层社区管理体制改革不断深化，"和谐社区"建设和"文明村镇"创建成果丰硕。流动人口管理和服务机制逐步健全，流动人口合法权益越来越多地受到保护。城乡社区服务网络基本形成，居民生活环境明显改善。

就后者而言，近年来，苏州市立足区域实际，把民主和法治作为推进政治发展的两条主线，坚持居民自治和依法行政相结合，依靠法制宣传为民主自治提供良好的法治环境，通过居民自治约束公权力的范围、监督公权力的运作。比如，不断加强村级民主管理制度建设，进一步规范民主议事程序，坚持村务公开民主管理与农村基层组织建设、农村干部队伍建设紧密结合，把村务公开民主管理作为农村基层组织建设、干部队伍建设的重要内容，把基层组织和干部队伍建设作为村务公开民主管理的组织保证来抓，通过规范民主决策、完善民主管理、强化民主监督，进一步提高村级民主管理水平，落实村民民主权利。

然而，与经济建设绩效不断提升不尽对称的是，苏州政治发展的整体水平仍然落后于经济建设。首先，如何合理调适"政府—市场"的关系仍是一大难题。总结"苏州经验"可以看出其鲜明特点是充分发挥政府的主导作用，政府在明确发展规划、抢抓发展机遇、实现产业升级和引导投资创业等方面发挥了积极作用。也正如此，这一策略被人们称为"大政府"。但是，随着转型升级的不断加速和社会结构的深刻变动，这种"大政府"模式的弊端日渐显露，其中最为突出的问题便是"政府—市场"的关系没有完全厘清、理顺，从而成为制约苏州进一步发展的重要因素。因此，对于苏州来说，当经济社会发展把新的方向呈现在面前时，重要的不是简单地用新方向否定过去，而是要站在政治社会经济协调发展的高度及时调整发展的航向。

其次，公共参与的结构有待优化。政治参与是社会主义民主政治的必然要求，是实现政治稳定的前提。近年来，苏州在拓展公共参与方面作出了积极探索并且取得了一定成效，但是从深层次看，也面临公共参与结构褊狭、质态不高的问题。就参与结构而言，主要是指难以有效实现"选举、决策、管理和监督"这四大参与形态的合理均衡。无论是官员还是民众，都较为重视"选举"在参与中的积极作用，但是相比之下对"决策、管理和监督"等"选举后的治理"问题并没有给予应有的重视，以至于很多人都产生了"参与焦虑症"——疑惑甚至抱怨为什么按照正常的选举程序产生的干部,最终也不能为民办事?深入思考就会发现,其缘由正在于参与结构不尽合理。也就是说,人们只关注了选举这一个环节,而对选举后的其他环节并没有给予应有的重视,这样一来自然就会出现即使有了选举甚至说是较为规范的选举规程,也不一定能保证民选的干部能尽职尽责地履行职责。参与结构过于褊狭的另一个表现则是参与主体过于狭窄。有人说,民主政治能不能取得实质性发展,在很大程度上要看弱势群体政治参与的程度。目前苏州的客观情况正是弱势群体政治参与因体制内渠道不畅通、存在诸多制度缺失致使他们往往采取非理性的体制外的参与方式,以致导致冲突或群体性事件,进而引起政治的不稳定。

最后,消极政治文化成为阻碍政治发展的重要因素。当前苏州市的经济建设、社会发展均走在全国的前列,但是诸如迷信、政治怀旧心理,政治参与的功利心理和依赖心理仍显著存在,在不少群众中,依赖家族、宗族的政治心理和反权威的逆反心理以及仇富心态等消极的政治心理仍存在,并构成政治稳定的重大隐患。特别是腐败现象、社会不公平公正等现象导致政府公信力的下降,民众在遇到问题时,不能采取理性的、正当的方式去处理,往往酿成危及政治稳定的事件。

(2)苏中:目标明确、举措务实但如何实现改革发展不停步、稳定不缺失仍然是其面临的重大考验

当前南通的发展目标是建成长三角北翼经济中心,在全省率先基本实现现代化。现代化自然包含政治现代化。从这个角度上讲,南通政治发展的目标是明确的。围绕这一目标,南通也相应地采取了较为务实的举措,积累了丰富宝贵的经验。其中可圈可点的便是"大调解"机制。调研发现,自2003年4月,南通就在全国率先建立了以"党委政府统一领导、政法综治牵头协调、调处中心具体运作、司法部门业务指导、职能部门共同参与、社会各方整体联动"为主要特色的社会矛盾纠纷"大调解"机制。这种建立在务实举措基础上的"大调解"机制通过机构整合、功能整合、制度整合、政社整合和诉调整合,实现了社

会管理水平的极大提升：从理念创新层面推动了基层社会管理从"管控"向"治理"的转变；从技术手段层面健全完善了基层社会管理体系，从实际效果层面预防化解了社会矛盾纠纷；从时代诉求层面巩固提升了基层政府的公信力。

调研发现，其务实的举措带来了显见的治理绩效。10年来，"大调解"机制累积化解各类矛盾29.7万件，有效避免越级上访4374件、群体性事件4690件、民转刑案件1385起。超过1/3的乡镇（街道）实现了"无民转刑案件、无越级上访、无群体性事件"的"三无"目标。得益于"大调解"机制的不懈探索，2010年被中央确定为全国社会管理创新综合试点城市；2012年被中央确定为全国社会管理创新典型培育城市。其创新探索先后得到了中央综治委和专家学者的充分肯定和积极赞誉，先后有来自20多个省市的近万人考察团来南通学习考察。

然而，囿于诸多复杂因素的制约，"十二五"时期南通可能出现更加复杂的局面，一些不利于政治发展与政治稳定的因素仍然存在。这些不利因素对于南通而言是一把"双刃剑"，既可能成为政治改革的契机，也可能成为导致社会和政治不稳定的导火线。一定程度上讲，能否充分认识这些社会发展中存在风险和挑战，关乎着南通市"十二五"时期政治发展目标能否顺利实现。

其一，经济飞速发展与政治改革缓慢的考验。"十二五"期间，南通的经济发展目标是建成长三角北翼经济发展中心，在全省率先基本实现现代化。如此迅速的经济发展必然要求与之相适应的政治发展。因为，实践证明，避开政治改革而单纯实现经济现代化是不切实际的，其结果只能是遭受经济与政治的双重劫难，甚至导致严重的社会危机。只有在经济与政治良性互动发展的思路上寻求社会的整体进步，才是正确的出路。而现实问题却是经济飞速发展的同时，政治改革并没有随之跟进。党政不分、政社不分、社会利益分配失衡、法治理念及实践不够深入彻底等问题成为南通新一轮发展中的重大羁绊。对于这一问题的解决，一方面，需要对政治改革的整体布局；另一方面，要结合当地的实际情况，探索地方政治改革的新思路，在保持政治稳定的同时加速政治改革，使其满足经济发展的需要，实现经济政治社会的全面发展。

其二，利益诉求多元化、复杂化与利益诉求渠道不畅的考验。"如果不同的社会群体没有正常的诉求表达渠道，没有反映、代表他们的利益以及对他们的利益诉求作出回应的政治机制，可能导致各种利益的自我表达、无序表达和抗议性表达，从而引起社会动荡。"[①] "十二五"时期，是南通市加快转变发展方式、推动经济转型升级的攻坚突破阶段，同时也是加速社会转型的关键时期。这些因素的累计必然带来利益主体诉求的多元化、复杂化。对此，如果没有完善的制度化的诉求表达渠道，必将容易激发社会矛盾，甚至产生较为激烈的群体性事件。而大规模的群体性突发事件的发生，不仅仅影响政治社会稳定，而且还会极大地损害地方政府公信力，对地方政府执政能力造成严重威胁。这也说明南通在社会秩序的有效管理以及利益诉求渠道方面需要进一步的改革和完善。因此，"十二五"期间，一方面，要通过政治参与的制度建设，理顺民众利益诉求表达的渠道，使得民情、民意可以及时为政府所了解并作出反应，尽量将矛盾化解在萌芽阶段，减少恶性群体性突发事件的产生；另一方面，要对社会中的各种利益关系进行政治控制，从根本上减少利益冲突的发生，达到维护政治稳定的目的。尽量照顾到社会各阶层的利益诉求，统筹各种利益关系，尤其是要为弱势群体提供更多的利益照顾与帮助，努力使地方经济发展中各种利益诉求在多元化、复杂化的同时，趋于和谐稳定，减少矛盾与冲突。

其三，社会矛盾突显与维稳观念和方式落后的考验。维持社会政治稳定，一方面要依靠政治改革等政治发展来实现；另一方面也要积极发挥维稳机制的有效作用。尤其是在政治改革缓慢而不能很好地满足经济发展要求的时期，维稳对解决社会利益纠纷、平复社会不满、维护

---

① ［法］莫里斯·迪威尔热：《政治社会学》，华夏出版社1987年版，第191页。

社会和政治的稳定的作用更加凸显。在过去，由于法治观念的薄弱和相关制度的缺失，维稳工作一度陷入"越维稳越不稳"的怪圈。从根本上讲，这种局面的产生是由于维稳观念的异化造成的，认为维稳的目的就是片面的追求社会稳定，采用简单的方式方法来压制社会利益诉求的正确表达，甚至采取"花钱买稳定"等"息事宁人"的方法来换取暂时的稳定。客观而言，这些做法不仅不能做到有效维稳，反而容易激化社会矛盾，降低政府的社会评价和信任，更是违背法治社会的基本原则。"十二五"期间，维稳工作的成败，不仅关乎南通经济发展能否顺利实现既定目标，也关系到政治体制改革能否在稳定的局面中得以平稳进行，更加关乎着地区稳定和社会发展的大局。因此，能否及时改变片面的维稳观念和简单粗暴的维稳方式，成为南通政治稳定和政治发展的又一重大挑战。

（3）苏北：较为务实地抓住了促进政治发展与政治稳定的操作技术，但整体水平仍逊于苏南、苏中地区

在政治发展与政治稳定的目标确立之后，问题就转移到操作技术上了。因为，"民主价值的实现，不仅要借助民主制度这一载体，而且还必须依靠民主技术这一工具的积极推动。民主技术作为手段是为一定的民主政治目的服务的，是实现特定利益的理性工具。"[①] 何谓民主技术？简而言之，"民主技术是指在民主政治实践中，为了实现一定的价值和目标而发明、设计和采用的规则、程序、方法、手段、技巧等的总称。民主技术是使民主价值得以实现、民主制度得以运行的具体物质形态技术和规则、程序、机制、手段、方法和技巧等非物质形态技术在内的一个技术系统。"[②] 客观而言，苏北在探索政治发展与政治稳定和谐并进之路的过程中就很好地抓住了操作技术这一重要因素。这集中表现在以下三个方面：

---

① 虞崇胜、李永洪：《民主技术是民主政治建设工具》，《天津行政学院学报》2009年第6期。

② 同上。

其一，运用现代科技手段建立"126"信访模式。近年来，淮安通过构建"126"信访管理模式，提升了信访管理水平，为全省创新信访管理提供了淮安"样本"。总体上看，淮安"126"信访管理模式包括一个系统、两个中心、六项功能（详见附表）。

①一个系统。2007年初，淮安市就在全国率先自主研发了集"投诉、查询、服务、监督、分析、管理"等功能于一体的"阳光信访"综合服务管理系统。把"阳光信访"系统作为淮安"126"工作模式建设的中枢，通过党委、政府强力推动，在全市各级各部门广泛布设工作终端、建设系统网络，实现了"阳光信访"系统网络全覆盖。横向联通各级政府400多个职能部门，纵向覆盖9个县/区、147个乡镇/街道。

淮安市"126"信访管理模式

一个系统	两个中心	六项功能
"阳光信访"综合服务管理系统（实现对全市9个县/区、147个乡镇/街道、400多个职能部门的全覆盖）	实体中心：市、县、乡三级信访联合接待中心 虚拟中心：电子网络信访服务中心	全方位受理投诉
		全方位便民查询
		全方位主动反馈
		全方位征集建议
		全方位了解民情
		全方位监督管理

②两个中心。在建好信访联合接访中心基础上，淮安市还打造了电子网络信访服务中心。一方面，巩固提高传统的联合接访中心。不断发挥接访中心在信访工作中的重要作用。市、县、乡三级信访联合接访中心依托"阳光信访"系统和网络，全面整合基层信访工作资源，为信访群众提供"一条龙"、"一站式"服务。各级信访联合接访中心成为了群众信访的"首选地"、问题处理的"终结地"。另一方面，全面打造现代的电子网络信访服务中心。2010年底，淮安市创立了全国首个电子网络信访服务中心，利用现代电子技术搭建市民

与政府沟通渠道,以弥补传统联合接访中心的不足,实现信访的无缝隙覆盖。

③六项功能。淮安市信访管理部门经过认真研究和梳理,将信访管理和信访服务分解为六个部分,并对应地在电子化系统上设立了投诉、查询、反馈、人民建议、分析、监督六个功能服务平台。从而构建了淮安市从信访管理到信访服务、从实体平台到虚拟平台、从单一治理到综合治理的立体信访工作模式。

其二,探索"稳评模式"以降低社会风险。早在2006年,淮安市就在全省率先探索了"重大事项社会稳定风险评估"工作法。七年来,淮安市坚持不断完善工作机制,逐渐形成了确定评估事项、收集社情民意、汇总分析论证、落实维稳措施、全程跟踪评估"五步工作法",实现了"稳评"工作的模式化和流程化,从源头上预防和化解了部分社会矛盾。迄今共评估重大事项549件,覆盖率占全市重大事项的80%以上。2007年至今,全市未发生一起重大群体性事件。2009年10月,在淮安市召开的全省重大事项社会稳定风险评估工作座谈会上,江苏省政法委副书记张新民同志将淮安市的成功经验称为"淮安模式",要求在全省推广。这一做法荣获了2010年江苏省政法工作"创新一等奖"。

"重大事项社会稳定风险评估"工作法改变了传统的事后被动处理的维稳工作方式,实现了事前主动预防,完成了对社会稳定问题由粗放式治理到集约式治理的转变,充分体现了基层基础、源头治理的现代公共治理理念,同时将决策科学化、民主化提升到一个新的水平。

其三,优化整合资源,在苏北率先开展网格化管理试点。近年来,淮安市以清河区为试点,通过建设综合性社会管理中心和网格化管理系统,在全省同类区域率先开展了网格化社会管理(详见附表)。

淮安市清河区社会管理体制机制

社会管理平台功能设置	社会管理平台：社会管理中心	信息系统社会管理系统：网格化服务	网格层次	网格名称
矛盾调处			第一级网格	区社会服务管理中心（社会管理平台）
法律援助			第二级网格	街道
信访接待			第三级网格	社区网格服务管理办公室
阳光清河			第四级网格	居民小区的网格服务组
维权中心			第五级网格	楼幢

①整合管理载体。社会管理面广量大，事无巨细，需要各级党政部门动员社会力量共同进行，从而导致资源和力量的分散。为克服此矛盾，淮安在清河区试点建设统一的管理载体。淮安市清河区投资建设了清河区社会管理中心，该中心是集矛盾调处、法律援助、社区矫正、信访接待等功能为一体的现代化的综合性社会管理中心，是淮安市转变政府职能、整合社会管理资源、提升社会管理科学化水平，深入推进社会矛盾纠纷化解，促进社会和谐稳定的重要举措。这是全省首个进行资源整合、优化配置的社会管理中心。

②引入现代科技。淮安市清河区利用现代通信技术建设社会管理网格化系统，将全区分为五个网格管理层次。再将15个试点社区划分为75个网格，每个网格管理组配备2名专职队员，2名以上兼职队员，并配备经公开招聘的社管协管员及治安重点地区流动人口协管员。通过这一管理系统，全区相关部门、所有街道（社区）的任一网络端口，都可以实时查看到自己需要的信息。民政、计生、劳动保障等部门也都可以综合利用该信息系统开展工作，极大地便利了社会管理各项工作的开展。为社会稳定提供了可靠的技术保障，可行的载体保障。

此外，淮安市在创新社会管理、促进社会政治稳定过程中还探索出了"警民协作会"，"阳光淮安、和谐城管"，"帮扶信访老户创业"等工作机制，赢得了群众的赞誉和上级的认可。凡此种种，展现了淮安政治稳定的成绩。

第四节　江苏现代化转型中影响
　　　　政治稳定的因素剖析

影响政治稳定的因素既来自政治体系结构内部，也来自社会层面。既来自客观层面，也来自主观层面，是多种因素的综合。其形式在社会政治生活中复杂多变，既有显性也有隐性。而且随着社会政治的发展，随时都会有新的影响因素产生。

当代中国正处在由传统社会向现代社会转变的转型时期，其中要实现由农业社会向工业社会、信息社会的转变以及由传统的计划经济向社会主义市场经济的转变。具体到江苏而言，从工业社会向信息社会转型的过程性特征更为明显。这是一个既广泛而又深刻的历史过程。由此而引起的政治、经济等方面的变革和利益矛盾、价值观念领域的碰撞和冲突都将影响到江苏的政治稳定。因此，研究处于现代化转型时期的江苏政治稳定影响因素，对于江苏"两个率先"建设至关重要，对中国的现代化建设进程也有指导意义。

结合政治学理论及对江苏各地的调研情况分析，当前影响江苏政治稳定的因素主要来自以下四个方面。

1. 政治文化变迁对政治稳定的影响

尽管对文化的定义有很多，甚至不同研究者对文化的定义都难以达成共识。但正如著名政治学家亨廷顿所说，"文化若是无所不包，就什么也说明不了。因此，我们从纯主观的角度界定文化的含义，是指一个社会中的价值观、态度、信念、取向以及人们普遍持有的见解"。[①] 在此基础上出发，政治文化研究的范围也就相应地被界定为"政治体系的心理方面"。阿尔蒙德认为"政治文化是一个民族在特定时期流行的

―――――――――
① [美] 塞缪尔·P. 亨廷顿、劳伦斯·哈里森：《文化的重要作用》，程克雄译，新华出版社2002年版，第3页。

一套政治态度、信仰和感情"。①

具体说来，政治文化是政治活动中参与主体的感知和道德习俗的整合体，是参与主体的主观感受和参与认知。政治文化由社会经济条件决定。随着改革开放的持续深入，利益分化和社会结构变化使政治文化不可避免地走上了分化的道路。分化具体表现为传统的政治文化面对外来政治文化的巨大冲击，政治参与主体的政治心理从过去的单一模式转变为多形态的模式。这种转变有利于民众政治心理的和谐与稳定，但也存在着一定的负面因素，影响主流政治文化对社会的整合，制约政治发展。

（1）当代中国政治文化的特征

①社会主义政治文化与其他亚政治文化并存

依据我国著名政治学家王沪宁的观点，政治文化可分为共时性结构和历时性结构。即空间横轴和历史纵轴。从共时性结构看，今天的中国与科教、文化和经济占主导地位的资本主义国家毕竟处在同一时代。加上国内生产力水平欠发达，政治、经济体制还不完善，特别是在改革开放后，随着国门的打开，资本主义政治文化不断涌入，中国社会主义政治文化受到西方资本主义政治文化持续而刻意的冲击和渗透。我国现阶段的政治文化正在从单一化向多元化的方向发展。从历时性结构看，我国是从几千年的封建社会走过来的，很多封建思想还根深蒂固。在建立现代化的政治思想和政治制度的基础上，那些在历史上起过作用的政治文化思想仍对现如今的人们的政治心理和政治思想或多或少产生作用。

②政治文化与政治体系的不协调性

依据结构功能主义的分析范式，政治系统的协调性主要表现为政治活动的输入和输出是否保持协调。一方面，目前广大群众能够积极

---

① ［美］G. A. 阿尔蒙德、G. B. 鲍威尔：《比较政治学：体系、过程和政策》，上海译文出版社1987年版，第29页。

参与政治活动并向管理者提出相关的建议和要求，而管理者又能够适时听取民众的意见并加以评估，将意见和管理要求最终落实成法律制度。广大群众对党和政府的政策、法律表示较好的认同，能够服从党的统一领导，为共同的政治目标奋斗。另一方面，中国毕竟处于发展过程中，发展不平衡是我国最根本的国情。社会经济、文化的发展的不平衡，使得政治文化与政治体系在总体上协调的同时，还有局部不协调。我国现阶段正处于迈向现代化的转型时期，日益深入的经济和政治体制改革势必不断带动个人、社会集团和地区之间的利益调整和分化，再加之历史地理禀赋不同，于是这种局部的不协调便会表现得更加明显。从全国角度看就表现在东西部的不平衡、城乡的不平衡。江苏则面临南北不均衡。这些不平衡势必反映在政治文化心理和政治体系中，从而使这两者也存在不协调性。

③群众政治文化心理从原来的传统单一形态转向多元、实用形态

政治参与是公民或团体试图影响政府决策和人事结构的行为，是现代社会公民制约政府的重要手段。[1] 政治参与是政治活动的重要内容，政治参与的有效性以及规模和程度也是判断一个政体是否民主的重要指标。其规范性、秩序性是政治发展水平的基本标志。在过往年代中，动员型政治、命令型政治、灌输型政治曾一度大行其道，人们只是被动、盲目、单纯地参与政治。随着经济社会的发展和以人为本的回归，政治参与从过去的干部参与转变为广大群众普遍参与，群众政治参与意识越来越强，并逐渐形成了独立的政治思维和政治人格。而且，在互联网日益普及背景下，群众参与的渠道和方式也大为拓展。随着政治参与的持续深入，群众的法制观念也越来越强。另一个较为明显的特征是，民众的政治价值观越来越现实，越来越物质化。民众追求财富、追求知识、追求利益的意识越来越强，并将之作为政治活动的主要目标，将其作为评判政府政治行为的实际标准。

---

[1] 孙关宏：《政治学概论》，复旦大学出版社2003年版，第279页。

(2) 多元政治文化中对政治稳定的影响因素

多元文化意识的出现，会引起社会主流意识的扩散，令以往颇为奏效的统一思想的方式变得落伍，思想意识统一的难度加大。从而为政治稳定和政治发展带来许多负面因素，主要表现在以下几个方面。

①多元文化碰撞背景下主流政治文化整合功能弱化

文化矛盾作为社会矛盾的观念表现，是影响社会稳定的一个特殊而关键的因素。文化既是社会和谐、统一的力量，某些情况下也会导致社会混乱、分裂。在一个国家里，文化的差异导致的矛盾是常见的，并直接影响到社会的稳定。文化影响着政治活动，文化的变异和冲击往往会给社会的稳定带来影响。更进一步地说，基于文化之上的政治文化也相应相互撞击。主流政治文化对异质政治文化、亚政治文化的整合功能弱化。就此意义上，主流政治文化服务政治稳定的能力随之降低。

②传统政治文化中的负面元素影响政治稳定

我国有着几千年的封建统治历史，长期的封建君王统治，以及高度集权体制，形成了君主政权的核心体系。这样的集权统治传统势必会成为官僚主义的张本，会使社会尊崇"官本位"情结普遍存在。并且民众的政治参与热情也将因为这种传统的臣民政治体系而大大地受到影响，更多的只是服从的心态。由此可见，我国传统的政治文化因素一方面有利于我国当前政治稳定的延续和发展，但其负面元素则不利于我国社会转型和政治发展的要求。

③西方政治文化的扩张对政治稳定产生影响

随着改革开放的持续深入，西方国家的政治文化也随之流入我国，并对我国的政治文化形成潜移默化的影响。不可否认，西方的政治文化有其可取之处和合理性，但毕竟其发轫于西方历史文化土壤，有其独特性。而并非像西方自我标榜并被国内部分人趋之若鹜的那样具有普世性。西方的一般自然不能生搬硬套于中国的特殊。但毕竟要看到，随着信息化的发展，西方政治文化对我国的影响越来越深，通过网络形式传播到国内，对我国的政治文化产生一定的负面影响。有些国家还有意识地将负面的思潮塑造成"软实力"、"软武器",作为一种强势文化漫灌、侵蚀弱势文化,西方强势文化对国内传统文化的影响不可否认地存在着,并正在渐渐地影响着国内传统文化的发展。西方文化通过强大的经济基础和文化背景,通过各类文化产品、伪普世观念对国内传统文化进行渗透,冀图渐渐改变中国人的生活习惯和思维模式,改变着人们的价值观和世界观。在人群上,主要以对年青一代和知识阶层渗透为主。从而,对国内的政治文化的发展产生一定的负面影响,并进而影响我国政治发展道路选择和路径探索。也在某种程度上影响着政治稳定。

2. 利益关系调整对政治稳定的影响

当前,利益分配和调整问题日益受到社会关注,其背后折射着深刻的社会变迁背景。这也直接或间接地影响到政治发展与政治稳定。

(1) 我国社会面临深刻利益分化调整

利益分化是社会发展和转型过程中的常见现象,是一种均衡的利益关系被另一种全新的利益格局所替代,这种新的利益格局导致利益分配的差距增加。

当前,利益分化调整最主要的表现为利益主体多样性及差别悬殊化。

利益主体是通过一系列的社会活动,从中获得自身需要或者满足的人,其既可以是个人也可以是一类群体。社会转型期间的利益分配更加趋向分化,并且其分化趋势更为突出和明显,我国当前主要利益主体表现为社会管理层人员、技术人员、商人、服务业从业者、工人、农民、无业人员等。从利益获得和利益受损的状况,又可以分为特殊获益者群体、普通获益者群体、利益相对受损群体和社会底层群体(利益绝对受损群体)。根据社会学理论分析,所谓"特殊获益者群体",是改革开放以来最先富裕起来的群体,这部分人拥有巨额财富,有能力消费奢侈品。所谓"普通获益者群体",指的是改革开放以来,在经济上和资源分配上获得一定程度提高的群体,这部分人群数量巨大,涉及多个社会阶层,主要涉及教师、工人、干部、服务业从业者、农民等。所谓"利益相对受损者群体",指的是在社会发展和社会转型期间,自身利益受到一定程度损害的群体,当前较为突出的就是失业和下岗人员,由于他们处于利益分配的底层,多抱有对改革不满的态度。所谓"社会底层群体",通常是指那些生活在贫困线以下的群体。

随着我国改革开放的持续深入,社会发展模式正在转型,而且转型的速度和力度正在持续地加大,随之而来的是利益分化,并且利益分化的程度也越来越大,从而导致利益主体之间的贫富差距也越来越大。一方面,社会中间阶层尚未完全成长;另一方面,在社会安全网还未能完全高水平、大范围覆盖的大背景下,弱势群体和边缘群体的存在成为不争的事实。

(2) 利益关系调整对政治稳定的影响

利益分化有利于社会经济结构的进一步调整,有助于社会进步、政治发展。但是,利益分化也会对社会发展造成许多负面影响,较易产生利益矛盾和冲突,尤其是不同利益主体之间的矛盾和分歧,从而导致摩擦甚至是群体性事件的产生。这些社会发展的负面因素将对政治稳定和政治发展提出重大挑战。

①利益调整分化可能引发政治参与爆炸

不同群体通过不同的方式达致符合自身利益的分配格局和机制。那些在发展中获得一定财富和地位的成功人群,非常希望更进一步地介入政治活动,以希望政府的决策可以对他们的发展和利益分配更为有利,以追求他们的最大利益。但那些在社会转型和经济发展中被边缘化,利益分配受损的群体,更加迫切地希望政府通过出台政策来帮助他们扭转当前的弱势局面,以提高他们在利益分配中的地位。民众参与政治活动有利于管理层快速、真实、深入地了解民众对政治发展的要求,并提出针对性的解决措施以缓解民众的不满情绪,增进民众对政治管理体系的信心,为政治稳定和政治发展提供有力的保证。但是,广泛政治参与的前提是要提高政治体系和制度的水平,不然将会对政治稳定起到负面的作用。目前,我国利益格局的变化和利益关系的调整,极大地激发了民众利益表达的愿望和政治参与的热情。但我国的政治制度化水平还不够完善，公民的政治参与热情与现阶段政治参与制度容量之间形成了矛盾。民众参与政治活动的需求日益增加，对政治系统的输入日益增加。但政治系统的反馈和输出则由于种种原因而无法完全满足民众的政治参与需求。这种瓶颈更会进一步刺激民众的政治参与需求的膨胀，最终导致政治参与的负面效应。这一现象和内在逻辑机理也为政治学术界对发展中国家的实证研究所揭示，也在我们过往的历史中略有展现。

②利益调整分化可能导致党的执政基础削弱

一个政党的执政基础在于拥有良好的群众基础，有群众的拥护和支持，由群众来贯彻和落实政党所提出的施政要求和纲领。只有拥有了良好的、稳定的群众基础，政党的发展才能保持健康和稳定，才能保证生命活力。当前正在进行中的群众路线教育实践活动表明党对群众观点的重视和坚持。但就目前情况而言，随着社会转型和经济发展，利益分化问题日趋严重，而利益分化中的弱势群体、边缘群体也是党的群众基础的重要组成部分。这也可能意味着党的群众基础和阶级基础会受到侵蚀和削弱。这势必影响政治稳定。

3. 政治腐败顽疾对政治稳定的影响

任何一个国家在转型期都难以避免腐败问题。腐败可称得上是政治顽疾。

（1）政治腐败的内涵及群众的看法

政治腐败是国家公职人员在国家法律与政治制度尚不完备的情况下，"为了谋取个人私利而违反公认准则的行为"①。其基本特征是滥用职权和权钱交易。政治腐败与社会和经济迅速现代化有关。目前，由于权力监督制约机制的不健全，加之市场经济还不尽完善，腐败现象仍滋生蔓延。

---

① ［美］塞缪尔·P. 亨廷顿：《变化社会中的政治秩序》，上海人民出版社 2008 年版，第 54 页。

第四章 江苏现代化转型中政治发展与政治稳定的特点及成因剖析

这些年来，虽然我国政府已经高度关注政治腐败问题，并且加大了治理腐败的力度，但是由于社会发展的深入，政治腐败的复杂性和隐蔽性也越来越高。从历史经验来看，当一个国家处于转型中比处于稳定阶段更容易发生政治腐败问题。习近平在首都各界纪念现行宪法公布施行30周年大会上的讲话就指出，在包括宪法在内的法治取得成绩的同时，也存在着不足，"主要表现在：……一些公职人员滥用职权、失职渎职、执法犯法甚至徇私枉法严重损害国家法制权威……"[①] 政治腐败损害了国家和政府的形象，招致了社会公众的严重不满，降低了公众对政府的期望，加剧了社会矛盾，从而也就破坏了政治稳定。

政治腐败对社会稳定的影响在我们的调研中也有体现。在回答"您认为，当前维护社会稳定，最大的障碍是什么？"时，某一地区1/4的受访者选择"官员腐败"。而这一比例是八个可选项中最高的（如下图所示）。

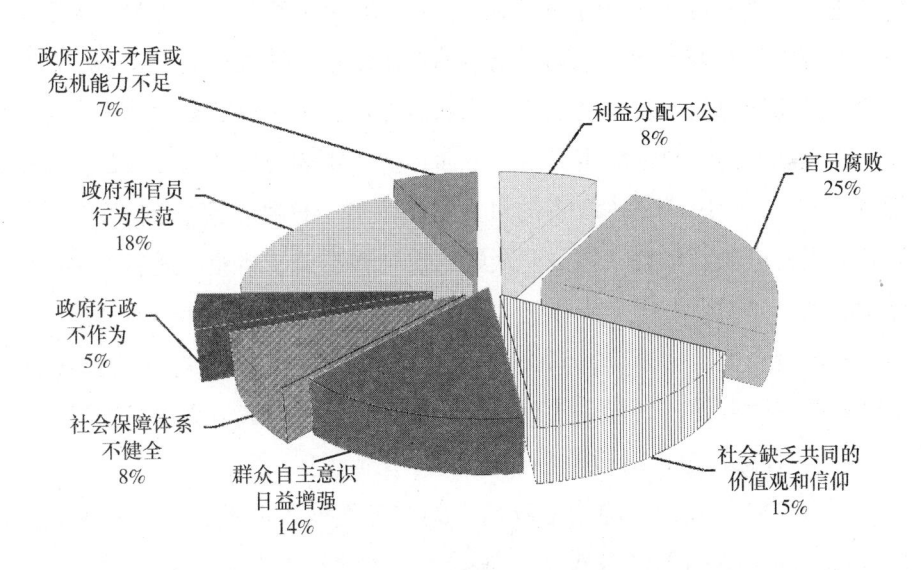

政府应对矛盾或危机能力不足 7%
利益分配不公 8%
官员腐败 25%
政府和官员行为失范 18%
政府行政不作为 5%
社会保障体系不健全 8%
群众自主意识日益增强 14%
社会缺乏共同的价值观和信仰 15%

您认为，当前维护社会稳定，最大的障碍是什么

---

① 习近平在纪念现行宪法公布施行30周年大会上的讲话，中国政府网2012-12-04。

（2）政治腐败对政治稳定的影响

政治腐败严重危害着社会稳定，对政治稳定和政治发展带来了负面影响。

在社会转型过程中，少数公职人员违规使用自己手上的权利来为自己谋求利益，产生腐败行为。腐败活动的明显结果就是导致人们丧失对政治体系的信心和对政治权力的认同，从而引起秩序性和制度性的不稳态，甚至会招致严重的危机。研究表明，政府合法性与政府能力密切相关。一旦政府不能有效"输出"决策，人民所"回馈"的将是减少支持，就会导致权威合法性的基础减弱。腐败动摇执政党和政府的合法性。腐败问题的危害相当严重，不但会引起群众的不满，造成社会矛盾，影响政治稳定和政治发展，更能使政府的公信力下降，百姓对政府失去了信任，自然政府权力的合法性也受到了挑战。

同时，腐败严重败坏社会风气，腐蚀社会文化氛围，降低公共生活的道德水准。腐败行为削弱了人们自觉遵守道德约束和抵制腐败行为的能力，损害了人们廉洁奉公、勤劳致富的道德规范，导致机会主义盛行，使社会主义的理想信念发生动摇，影响和破坏社会主义思想文化建设，从而在思想文化上影响政治稳定。另一方面，贪污腐败现象的滋长蔓延使执政者威信下降，使民众与执政者的对立情绪上升，这种情况达到一定程度，遇到适当的机会，聚集在部分群众中的怨气和不满情绪便会通过一定方式爆发出来。如果事态进一步蔓延，则会引发群体性事件和社会的动荡，给社会稳定造成负面的影响。调研部分地区时，有受访者曾披露，当地曾发生过的群体性事件，其背后就有腐败令群众产生的不满情绪起了作用。

4. 政治发展短板对政治稳定的影响

改革开放以来，我国民主政治得到一定发展。但是，政治发展仍存在短板，如法治国家建设滞后、基层民主政治建设滞后，从而政治发展对政治稳定的保障作用难期得力。

（1）法治国家建设滞后

法治国家的内涵很多。仅以其最具象征意义的人民代表大会制度建设为分析对象。人民代表大会是我国的根本政治制度,是我国人民在党的领导下当家作主的重要形式。我国宪法赋予人民代表大会以崇高权力,使人民代表大会在法理上获得了最高权力主体的地位。改革开放以来,我国的人民代表大会制度得到了恢复和发展,人大开始发挥其在政治生活的作用。但由于不少人民代表缺乏参政议政的能力,基层人大常委会领导人很多时候又仅仅是一种政治安排。人民代表大会的立法权、监督权、人事任免权还没有很好的行使,人民代表大会的真实地位与其法律地位相比,仍然偏低。因此,就现实而言,人大的地位与其法律地位相比,仍然偏低,其实际履行职能与法理职能仍然具有一定差距。

而就法治与国家权力之间的关系而言,权大于法现象,有法不依、执法不严、司法不公等诸多问题仍然存在,从而产生民众对国家权力的公信力的不足。有些领导干部为了一己私利不惜损害民族、人民和党的利益,而制约缺失、监督失效,往往又使得某些干部罔顾党纪国法,滥用职权,把权力当成牟取私利的工具。而就领导干部的法治思维和法治方式运用的能力方面:有些领导干部由于认识上的不足,在把工作的重心和主要精力都放在社会发展、经济发展上,重政治任务的完成,而轻视法治方式的运用,从而形成了重经济社会发展轻法治建设的现象。有些领导干部虽然认识到法治的重要性,但由于过分强调经济发展,则把法治与发展经济对立起来,认为按法律框框办事,缺乏灵活性,不能领会领导意图,是"死脑筋",因此不愿让法治工作人员参与重大决策。也有些地区或部门的干部虽然认识到运用法治方式的意义,但在处理实际问题时,由于习惯于命令式行政,凭经验办事,想当然决策,特别在一些重点、难点工作推进中,因此并不能很好地平衡与兼顾履行任务和严格遵守法律法规的关系。因此,在实践工作中,"说起来重要、做起来次要、忙起来不要",对依法行政工作的组织和整体推进以及对市政府确定的依法行政年度重点工作的推进缺乏主动性,缺乏实质性举措,组织推进工作呈现模式化、套路化,停留于口头承诺。就法治社会而言,由于受传统人情社会观念的影响,广大民众依赖于法律途径寻求救济的社会环境也没能真正形成。民众的法治意识仍有待提高,在权利受到侵害时,不知道如何寻求法律救济,习惯于采用非理性方式维权,遇事习惯找领导批条子,习惯找新闻媒体的现象仍然存在,甚至有些民众还惯于采用极端方式维权,如扰乱公共秩序,采用暴力方式维权等。尤其值得关注的是,老百姓对法治普遍缺少信任,而这也是造成老百姓"信访不信发"、"信网不信法"等问题的深层次原因。对江苏部分地区的调研也说明了这一点。对江苏南通的调查结果显示,在回答"您认为,当前的法治国家、法治社会、法治政府实现程度怎样"的问题时,33.7%的受访者选择了"部分实现";选择"几乎全部落空"的只占9.9%。详见下表。

您认为,当前的法治国家、法治社会、法治政府实现程度怎样

选 项	所占比例(%)
比较好	13.4
部分实现	33.7
很努力但效果有限	25.4
几乎全部落空	9.9
不可能实现	8.7
不好说	8.9

(2) 基层民主建设滞后

社会主义市场经济体制的进一步实现改变了以往的政治经济一体化陈旧格局,社会经济生活朝着多元化这样一个主体不断发展,社会结构同国家结构发生了一定的变化。多元化的经济生活造就了利益主体的个人和企业在经济上取得了质的突破,具有灵活的自主性和充分的独立性,而这样的结果势必影响于社会生活的自主性。社会逐步实现了基层群众有条件、有机会、有能力参与政治的新局面。但其实质性参与水平仍较低,基层民主政治发展程度和水平还难以令人满意。

在回答调研问题"十七大报告指出人民群众有'选举权、参与权、

知情权、表达权、监督权',您认为这五权在实践中落实情况怎样"对南通的调查研究显示如下表。

十七大报告指出人民群众有"选择权、参与权、知情权、表达权、监督权",您认为这五权在实践中落实情况怎样

选 项	所占比例（%）
很好	16.6
部分权利行使比较好	24.9
几乎都是口号，缺乏具体制度	25.7
无法落实	24.2
不好说	8.6

选择负面回答的占六成左右。表明在基层民主权利的行使还未能完全落地。

在对另一地的调查中，受访者被问及"您所在单位在作出一些决策的时候，征求过您或其他同志的意见吗"这一实质性问题时，选择否定性回答的占88%。

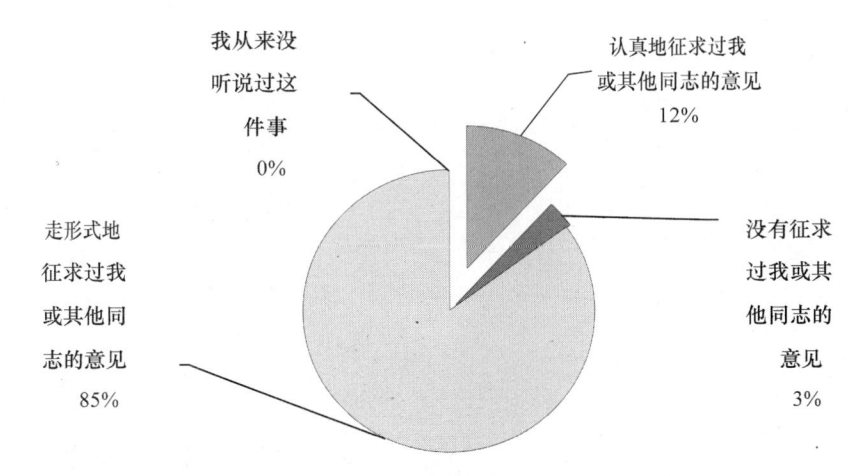

您所在的单位在作出一些决策的时候，征求过您或其他同志的意见吗

- 我从来没听说过这件事 0%
- 认真地征求过我或其他同志的意见 12%
- 没有征求过我或其他同志的意见 3%
- 走形式地征求过我或其他同志的意见 85%

按照短板原理，法治国家建设滞后以及基层民主发展滞后，自然决定了政治发展的水平。而政治发展与政治稳定是相辅相成的。政治发展有短板，必然制约其保障、促进政治稳定的水平。

第五章

构建促进协调江苏政治稳定发展的环境和机制

从政治发展与政治稳定的逻辑关系中可以看到,实现政治发展需要有一个稳定的政治环境,而要保持政治的长期稳定,又不可以无视政治发展的客观需求。但是在现代社会转型时期,政治发展又往往会导致社会矛盾和冲突的激化,从而带来社会政治的不稳定。因此,在构建现代国家的进程中需要协调政治发展,以促进政治稳定的实现。

第一节 在"两个率先"进程中构建江苏政治稳定发展的环境

一 理论架构:构建和谐的现代政治价值体系

价值体系是一个国家和社会的灵魂与基石。政治价值体现了公民对理想政治的追求,内含了公民对政治标准的评判,对政治发展过程中公民的行为方式和制度选择具有重大影响。在现代政治社会,自由、平等、公平和正义等是民众的基本价值诉求,推进政治发展需要妥善协调这些基本价值诉求之间的关系,并且使得多种政治价值能够和谐共生,以确保政治发展的平稳有序。罗尔斯的契约正义理论内含着政治价值的基本诉求,其中的公平正义原则有利于政治制度化的价值认同。首先,罗尔斯强调制度伦理相对于个人伦理的优先性有利于公民形成对政治制度的正义感和道德感。在一个组织有序的政治体内，由于存在共同的预期，其成员有一种按正义原则行动的强烈愿望。当一种制度能够合理公正运行，政治体成员就会产生努力维护这种制度的欲望以及对未能履行职责的愧疚心理，这种制度的德性伦理导致公民能够形成对该政治体及其制度的正义感。① 其次，罗尔斯的正义原则要求一种正义的社会制度应该合理分配公民的权利及义务，使具有公民身份的社会成员在该政治体中地位平等，而且能够根据公平正义的原则来分享社会合作的共同成果。其中共同体成员所分享的不仅仅是物质上的利益，还包括共同的政治心理情感和价值理念。通过这种分享使共同体成员形成对该政治体发自内心的认同感和归属感，以及对该政治制度化的道德内在认同，进而使之外显为公民的正义气质和尊重并维护该制度的道德自觉。② 社会主义中国所追求的政治价值也不例外，正如马克思所指出："每个人的自由发展是一切人的自由发展的条件"，③ 这就是要实现事实上的——而不是形式上的——自由、平等、公平和正义。

当然，中国在现代国家建构进程中的真正问题，不在于移植西方的政治制度体系，而是要确立与中国历史传统以及改革开放进程相适应的中国特色社会主义的现代政治价值体系，使这种政治价值体系是在中国土壤中生根开花，成为规范中国民众行为的主导力量。所以，要有效推进中国的现代化进程，全面建成小康社会，就需要形成与中国国情相适应，并且顺应历史潮流与符合时代精神的现代政治价值体系。

从实践层面上来看，我国政治价值体系也经历了不断变迁的历史发

---

① 伏威：《浅论罗尔斯的契约正义思想及其对我国政治发展的启示》，《延边大学学报》（社会科学版）2011年第3期。
② 周光辉、彭斌：《认真对待共和国——关于和谐社会的政治基础的思考》，《吉林大学社会科学学报》2005年第4期。
③ 《马克思恩格斯选集》第1卷，人民出版社1995年版，第294页。

展过程。① 新中国成立后，长期以来政治上强调中央集权，经济上实行计划经济，虽然在政治价值上高度重视社会平等和正义，但公民自由和公平的价值诉求被忽视。民众在国家政治生活中享有较高的平等和正义的政治地位，但是自由相对受到限制，这导致民众的政治参与不足，严重制约了政治发展的进程。改革开放以来，倡导解放思想、实事求是，在经济领域推行市场经济，允许公民自由经商，合法获取财富。公民在私人领域、社会领域和政治生活领域的自由度显著提高。同时，平等也不再是原有的平均主义的平等观，而是主张创造公平的机会使经济发展和改革开放的成果惠及全体国民，使得各阶层的民众都能享有平等政治参与的权利。目前，我国政治价值体系的建构与完善同社会整体转型一样处于过程之中，还存在着官本位主义、权威主义、等级思想与人民自由民主并存，依法治国与人民当家作主没有完全得到结合，理论期望与实际功用存在差距等问题。因此，推进以现代政治价值体系、制度体系与组织体系为支柱的现代政治建设，凝聚与整合中国超大规模社会，是中国政治长期可持续协调发展的根本保证。而作为长期基础性工程的现代政治价值体系建设，则成为中国下一步政治发展的重要内涵与坚强基石。

根据新世纪新阶段我国经济社会发展的新要求和我国社会出现的新趋势新特点，我们所要建设的社会主义和谐社会，应该是民主法治、公平正义、诚信友爱、充满活力、安定有序、人与自然和谐相处的社会。② 我们党明确提出构建社会主义和谐社会的重大任务，就是要求全党同志在建设中国特色社会主义的伟大实践中更加自觉地加强社会主义和谐社会建设，使社会主义物质文明、政治文明、精神文明建设与和谐社会建设全面发展。这表明，随着我国经济社会的不断发展，中国特

---

① 温广磊、赵雅静、崔研：《我国政治价值体系的历史变迁及其启示》，《太原师范学院学报》（社会科学版）2009 年第 6 期。
② 《在中共中央举办的省部级主要领导干部提高构建社会主义和谐社会能力专题研讨班开班式上的讲话》2005 年 2 月 19 日。

色社会主义事业的总体布局，更加明确地由社会主义经济建设、政治建设、文化建设"三位一体"发展为社会主义经济建设、政治建设、文化建设、社会建设"四位一体"。

正是在此背景下，2007年胡锦涛在中共十七大报告中明确提出要"树立社会主义民主法治、自由平等、公平正义理念"的社会主义价值观念。党的十八大报告则用24个字进一步丰富和阐明了社会主义核心价值观，其中包括富强、民主、文明、和谐、自由、平等、公正、法治、爱国、敬业、诚信、友善。从内容上来，这些核心价值观都是社会主义最基本、最核心、最重要的价值理念。其中，富强、民主、文明、和谐体现了社会主义核心价值观在发展目标上的规定，是立足国家层面提出的要求；自由、平等、公正、法治体现了社会主义核心价值观在价值导向上的规定，是立足社会层面提出的要求；爱国、敬业、诚信、友善体现了社会主义核心价值观在道德准则上的规定，是立足公民个人层面提出的要求。这三个层次的理念相互联系、相互贯通，实现了政治理想、社会导向、行为准则的统一，实现了国家、集体、个人在价值目标上的统一，兼顾了国家、社会、个人三者的价值愿望和追求。十八大报告提出的核心价值体系不仅丰富和发展马克思主义价值学说，而且充分体现了社会主义核心价值体系与西方价值观的本质区别，与此同时，也是今后我国全体人民的共同价值追求。

建设社会主义核心价值体系既是一个理论课题，又是一个实践课题。历年来，江苏省委、省政府就高度重视坚持从本地实际出发，大力加强宣传教育，切实推动实践转化，促进政治价值体系建设，并提出了一系列发展目标，采取了一系列切实可行的目标。例如：在政治建设方面，省委、省政府提出了全面落实"六个注重"、全力实施"八项工程"、又好又快推进"两个率先"的决策部署；在经济社会和生态建设方面，省委、省政府还提出了"经济强省"、"文化大省"、"法治江苏"、"平安江苏"、"诚信江苏"、"绿色江苏"等具体目标和任务；在文化领域则提出创造的"四千四万"精神、张家港精神、"昆山之路"

精神等。

随着科学发展观的深入贯彻落实，特别是党的十八大对实现全面建成小康社会目标提出了新要求，习近平总书记在今年全国"两会"期间对江苏工作提出了新要求，今年以来，我省对原省定全面建设小康社会指标体系（2003年制定）进行修订形成了新的《小康指标体系》，[①] 提出了"创业、创新、创优，争先、领先、率先"的"三创三先"的新时期江苏精神。2013年江苏省"两会"进一步提出，我省要牢牢把握科学发展主题和加快转变经济发展方式主线，全面落实"六大战略"，深入实施"八项工程"，协调推进社会主义经济、政治、文化、社会和生态文明建设，进一步增强创新驱动、内生增长的经济发展新动力，构建统筹协调、互动融合的城乡区域发展新格局，增创更具活力、更有效率的改革开放新优势，形成民生改善、安定和谐的社会建设新局面，建设资源节约、环境友好的生态文明新体系，全面建成更高水平小康社会，奋力开启基本实现现代化新征程。

在江苏，率先实现全面建成小康社会的任务已经基本完成，要实现"率先实现现代化"的宏伟目标，我们需要在全面落实社会主义价值体系的基础上，重点推进和谐社会的政治价值体系的建构。这是江苏省实际发展的经验总结，也是江苏发展的必然要求和最终目标。需要重点做好以下方面的工作：

一是要坚持科学发展。社会要和谐，必须以社会发展为基本前提，并且应该是科学发展观指导下的又好又快发展，是以人为本、全面协调可持续的发展。**首先，要坚持创新发展，以创新促发展，以发展带动创新**。加快"江苏制造"向"江苏创造"的转变，实现"投资拉动"

[①] 此次对小康社会指标体系进行了较大幅度的修改调整。由原来的四大类18项25个指标扩展到五大类22项36个指标。一是新增了部分指标，主要包括现代农业发展水平、文化产业增加值占GDP比重、单位GDP能耗、城乡居民收入达标人口比例等；二是强化了部分指标，主要包括研发经费支出占GDP比重、城镇化率、居民收入水平等；三是替换了部分指标，替换成信息化发展水平、居民住房成套比例、现代教育发展水平等。

向"创新驱动"的转变，努力追求速度、结构、质量、效益的统一；坚持全面发展，加快发展教育文化、医疗卫生等社会事业，增加公共产品和服务，逐步改变社会事业发展滞后的状况；推进城乡一体化。坚持协调发展，深入实施高效农业规模化、五百万农村劳动力大转移和百万农民大培训等工程，加快建设社会主义新农村，着力优化地区生产力布局，深入实施"沿江沿海沿线开发"，落实振兴苏北的各项政策，促进城乡和区域共同发展；坚持可持续发展，实行最严格的环境保护和耕地保护制度，大力发展集约型先进产业，积极构建循环经济生态链，不断提高可持续发展能力。江苏要坚持把富民放在发展全局的优先位置，把改善民生作为发展政策的第一导向，在经济发展的基础上更加注重社会公平，合理调节收入分配，加快发展社会事业，大力促进基本公共服务均等化。切实保障改善民生。深入实施民生幸福工程，扎实办好民生实事，加快"六大体系"建设，让发展成果更多更公平惠及全省人民。在增加收入、就业、社保、教育、健康等方面，都提出了具体措施或年度指标。**其次，要大力推进生态文明建设**。通过强化节能减排、加强环境整治、推进生态建设，为全省人民创建"天更蓝、地更绿、水更清"的生态家园。**再次，要扎实推动文化强省建设**。"坚持社会主义先进文化前进方向，激发文化创造活力，充分展示江苏文化魅力。"加强社会主义核心价值体系建设、大力发展公益性文化事业、发展壮大文化产业等措施。**复次，要努力打造绿色江苏**。加强生态保护和修复重建，全面建设绿色企业、绿色社区、绿色走廊、绿色田园，用积极的办法防治污染、净化环境。**最后，要加强和创新社会管理**。加强社会建设，是社会和谐稳定的重要保证。报告要求，大力推进社会管理创新工程，进一步加强基层基础工作，深入开展领导干部下基层与大接访活动，进一步做好信访工作，加强网络社会管理等，都具有很强的针对性。

二是要深入推进思想道德建设和精神文明创建。社会和谐不仅要有物质文明建设，也包含精神文明建设。深入开展反腐倡廉教育，推进廉政文化建设。加强群众路线教育实践活动,推进政府机关的改进"四风"建设。大力推进政务诚信、商务诚信、社会诚信和司法公信建设,建立健全覆盖全社会的诚信系统,加大对失信行为惩戒力度。坚持用社会主义荣辱观引领社会风尚,大力实施公民道德建设工程,加强社会公德、职业道德、家庭美德和个人品德教育,倡导爱国、敬业、诚信、友善等道德规范。加强法制宣传教育,弘扬社会主义法治精神,提高全民法律素质。开展"爱祖国、爱江苏、爱家乡"主题活动,引导人们在社会上做一个好公民、单位里做一个好工作者、家庭里做一个好成员。通过评选表彰道德模范,加强先进典型学习宣传,放大"双百"、"双50"人物以及"江苏好人榜"示范效应,坚持用社会主义荣辱观引领社会风尚。开展文明城市、文明村镇、文明单位、文明社区创建活动,建立健全社会志愿服务体系,协调推进城乡文明建设,努力打造区域文明城市群和文明城镇群。尤其是要加大对"三创三先"的新江苏精神的宣传,努力以新的江苏精神鼓舞人。大力弘扬先进思想文化,加快发展公益性文化事业和经营性文化产业,营造有利于创新创业的文化环境,加快建设文化江苏。深入实施科教兴省和人才强省战略,力争到2010年率先基本实现教育现代化目标。以加强公民道德教育、开展各类诚信活动为基础,建立健全社会信用制度和监督体系,树立讲信用、守信誉、重责任的良好风气,构建互信互利的市场环境,积极构建诚信江苏。要深入开展平安创建活动,完善打防控一体化的"大防控"格局和社会矛盾纠纷"大调解"机制,努力使江苏成为全国最安全的地区之一。积极探索全市重大事件社会稳定风险评估工作。

二 制度保障:要重视民主法治建设,全面推进法治江苏建设

构建和谐社会是一幅宏伟蓝图,也是一项长期复杂的系统工程。要把和谐社会建设的任务落到实处,也必须要有实实在在的载体和抓手,而加强民主法治建设至关重要。根据十八大以来中央决策部署、习近平总书记系列重要讲话精神尤其是党的十八届三中和四中全会精神,以及

省委十二届八次会议精神。今后一段时期，要做好以下方面的工作：

一是要全面贯彻落实法治作为治国方略和基本方式的精神，坚定不移地走中国特色社会主义法治道路。首先，要正确认识和处理好党的领导与社会主义法治的关系，坚持党的领导是中国特色社会主义法治建设的根本要求，对此，各级党委要积极参与当地的法治建设工作，做好理论宣传、工作人员安排、政治方向把握。其次，则是要正确认识和处理好依法治国与以德治国的关系问题。法律规范和道德规范相对区分、相得益彰，共同发挥维系社会和谐的重要功能，二者缺一不可，法治方式与德治方式要相互协调，相互配合，不仅要以培养法治信仰方式推进社会道德建设，也要以加强社会道德建设促进法治建设。当前，尤其要将树立法治权威、增强法律的公信摆在特殊位置，并注意把法律评价和道德评价有机结合，通过肯定或否定某种社会行为，向社会传递道德价值判断信息，发挥公正裁判的惩恶扬善作用，切实捍卫社会道德。

二是要建设完备的法律法规体系，全面推进政治、经济、社会生活的法治化。推进民主建设，建设和谐社会，必须建立健全与之相适应的地方性法规、规章体系，推进江苏社会主义民主的制度化、规范化、程序化。要注重法律品质的培养，从注重立法的数量向注重立法质量的转变，最终实现良法之治。当前，要结合江苏经济社会发展的实际，加快制定改革发展实践所亟须的地方法规和规章，完善法规规章体系。要围绕中心、服务大局，使立法和制度建设体现规律要求、适应时代需要、符合人民意愿、解决实际问题。要强化规范性文件备案审查工作，维护宪法尊严和国家法制的统一。要积极探索实践党内法规与国家法律之间的关系。

三是要充分发挥法治在深化改革、推动发展、化解矛盾、维护稳定方面的引领和规范作用。改革、发展、稳定是新时期各级领导干部在工作中面临的三大考验。改革势必要牺牲一部分人的利益，而发展意味着利益的再分配。在利益多元化的今天，只有更多地依赖于法治方式，才能够更好地协调各种关系。依法办事表面上看会束缚手脚，但从长远看是成本最低、矛盾最少、最为理性平和的处理方式。因此，胡锦涛同志在党的十八大报告中就明确提出"要提高领导干部运用法治思维和法治方式深化改革、推动发展、化解矛盾、维护稳定能力"。习近平总书记也多次强调，尤其是对领导干部提出要求，要用法治思维和法治方式来进行国家治理和社会治理，使法治成为定纷止争、化解矛盾、救济权利、制约权力的权威方式。形成用法治思维和法治方式解决问题的习惯，不仅要具备一定的法治知识，而且要具有对法治的信仰。一个对法治内涵和要素不甚了解的执政者，不可能有什么法治思维，不可能主动、自觉和善于运用法治方式；但一个有丰富法治知识的人，并不等于能做到有法治信仰，能在一定的法治理念和法治思想的指引下思考问题和解决问题，还需要具备一定的法治意识。但若要将法治知识、法治理念以及法治意识落实到具体的思维方式和行为方式上来，并形成一种习惯，则还需要一个转化的过程，需要在长期的生活中逐步形成。这不仅是要求领导干部善于运用法治思维和法治方式解决问题，而且是要求领导干部养成运用法治思维和法治方式解决问题的习惯。运用法治思维和法治方式习惯的养成并不仅要依赖干部自身的觉悟所能够完成，而且需要营造社会环境，建立有利于培养和激励领导干部的机制和制度。当前最为紧要的是如何在具体工作过程中激励和促进领导干部养成运用法治思维和法治方式的习惯，在日常的工作中，加强对领导干部的法治思维与法治方式运用的监督和检查，要通过考核、责任追究等方式以保证领导干部运用法治思维和法治方式在实际工作中的具体落实。这些工作必将成为今后领导干部考核的重要内容之一。对此，要按照习近平总书记在中共中央政治局第四次集体学习上的要求："要把能不能依法办事、遵守法律作为考察识别干部的重要条件"，遵循并落实好。要组织开展多种形式的法制培训，加强对领导干部和行政执法人员法律和依法行政知识的考核，不断促进依法行政的养成，使之真正成为法治建设的实践者、引领者。要严格执行行政机关首长出庭应诉制度，并进一步完善相关实施细则。要增强责任意识，严格行政责任制，对权力行使和职责履行行为承担责任后果，做到执法必严、违法必究、失职必问责。

四是要构建高效的法治实施体系，形成严密的法治监督体系，尤其要建立和完善民意表达机制，建立、健全利益整合机制，畅通法治运行机制。首先，要着力推动重大行政决策科学化、民主化。要把公众参与、专家论证、风险评估、合法性审查和集体讨论决定作为重大决策的必经程序，最大限度地防止和减少决策失误。要总结推广睢宁县委权力公开透明运行的经验，把专家参与、向社会公开征求意见作为涉及人民群众重大权益决策的必经程序，增强公共决策制定透明度和公众参与度；其次，要在体制和机制上加以改革，完善监督机制，丰富监督形式，增强监督实效，推动严格执法、公正司法。最后，要更加注重法律机制之间的相互协调，以保障监督机制和运行机制的有效运行。当前和今后一个时期，要更加突出事关全局的体制机制改革和创新。要以政府职能转变为核心，着力推进行政管理体制深层次改革。要着力强化公正文明执法和有效监督。要积极探索行政执法的新模式、新途径，大力推动行政问责的制度化、常态化，不断提升人民群众对行政执法的认可度、满意度。要建立健全行政调解机制，加强和改革行政复议工作，充分发挥行政调解和行政复议在防范和化解社会矛盾纠纷中的重要作用，着力依法防范和化解社会矛盾纠纷。要深入推进政务公开，加快电子政务建设，努力推动行政（便民）服务中心的规范化建设，实现行政权力网上公开透明运行，让权力在阳光下运行。要重视政府绩效考评中的公民参与，将社会和公众的满意度作为评价政府绩效的重要指标；要强化权力监督，严格责任追究。全面落实行政问责、执法过错责任追究制度，切实做到有权必有责，用权受监督，违法要追究。

五是以法治文化建设为依托和支撑，全面推进法治社会建设。只有让法治成为一种全民信仰，民众才能认同法治的实践力量。人民的权利通过法治得到实现和保障，法治才会被人民所选择、所拥护。法治只有处理好公权力与公民权利之间的关系，才能够使公权力与公民权利达成一种和谐状态。这就要求解决好维护稳定与民众维权之间的关系、公权与私权的关系。首先，要抓住群众学法守法这个基础工作，深入开展法治文化宣传教育，营造良好的法治文化社会环境。要通过普法活动，教育引导全社会深刻理解和把握社会主义法治理念的本质要求。对此还要创新方式方法，切实提高法治宣传教育实效，在全社会营造崇尚法治的良好氛围。不仅要宣传各项法律法规，让人们对法律法规等了解、熟知，更要将法律知识寓于文化思想传播之中，转化为法律意识、法治理念，真正使法律意识、法治理念融入人们的头脑，融入人们的日常行为当中，成为全社会共同的自觉意识和追求。其次，要深入开展"民主法治示范村"和"法治建设示范乡镇"创建活动，大力推进"民主法治示范社区"创建活动，完善民主自治，建设管理有序、文明祥和的新型社区，以先进促后进，充分发挥榜样的示范作用。最后，要切实解决群众反映强烈的问题。群众反映强烈的问题，往往就是公民权利受侵害或未落实的问题，也是社会建设的薄弱环节。要从解决这些问题入手，切实保障公民权利落实。要着力解决的民生领域的法治问题，包括土地征用、房屋拆迁、环境保护、医疗卫生、社会保障等方面存在的突出问题。

三 重要保障：统筹协调各方利益关系

政治稳定就是各方利益关系保持在一种平衡状态。"合于利而动，不合于利而止"，利益是推动政治发展的根本动力，马克思曾指出："人的需要和利益是人类社会存在和发展的首要前提，是人们一切活动的动机和目的。任何人如果不同时为了自己的某种需要和为了某种需要的器官而做事，他就什么也不能做。"[①] 政治发展离不开利益的驱动，民众在追求自身利益的过程中，就形成一定的社会利益关系结构和形态。政治发展中内含着利益的分配与冲突。政治发展常常意味着政治

---

① 《马克思恩格斯全集》第3卷，人民出版社1960年版，第286页。

体组织结构的调整、法律制度的变革、政治系统和运行机制的创新等等，新的制度安排往往是不同利益主体或利益集团之间冲突和博弈的结果。在政治发展过程中，民众的民主意识、权利意识和利益意识逐渐增强。随着改革开放的深入推进，民众获得利益的渠道逐渐扩大，不再是传统意义上依附于集体和国家的个体，而是作为利益主体追求着自身的应得利益，利益出现碎片化，形成了各种各样的利益群体，利益分化不断在广度上拓展。同时，由于市场竞争规则的优胜劣汰，区域、行业、城乡发展呈现失衡状态，甚至出现主要群体弱势化的趋势，利益分化在深度上不断扩展，这严重威胁到国家的政治稳定。另外，政治发展意味着政治结构、政治体制和政府政策的相应变革，这也会改变原有的利益格局。一部分人在政治系统中占据有利地位，享有较多的政治利益和政治资源，政治发展的推进使得其利益受到较大影响，他们就会利用其所拥有的政治资源来阻碍政治变革的进程，甚至潜在地威胁到国家的政治稳定。政治发展中利益冲突与利益协调的关系说明，虽然政治发展能够促进经济社会的发展，满足民众日益高涨的利益诉求，但同时也会破坏原有的利益平衡体系，有可能成为诱发政治不稳定的因素。因此，在推进政治发展进程中，建立利益冲突的协调机制，统筹协调各方利益关系，努力避免利益主体间的矛盾激化，保持利益关系的均衡和谐状态成为政治发展的重要保障。

构建和谐社会的过程，就是不断协调利益关系、不断化解社会矛盾的过程。因此，统筹协调好各方面利益关系，对于经济社会的协调稳定健康发展具有极为重要的意义。我们不仅要进一步把"蛋糕"做大，还要把"蛋糕"分好。要通过发展增加社会物质财富、不断改善人民生活，又要通过发展保障社会公平正义、不断促进社会和谐。只有不断加大利益整合力度，促进分配公平，缩小收入差距，让发展成果为人民共享，才能使人民群众心情舒畅，增强他们建设和谐社会的积极性、创造性。矛盾无处不在，冲突时有发生，而和谐的"真谛"就在于不同领域的统筹兼顾、多种利益的协调统一、人民内部矛盾的化解和各种冲突的妥善处理。

新中国成立之后，我国长期实行的是高度集中的计划经济体制，人与人、群体与群体之间的利益关系相对比较简单。改革开放以后，随着社会主义市场经济的发展，我国经济体制、经济结构等方面相继发生了深刻的变化：从计划经济体制向社会主义市场经济体制转变；从单一公有制形式向以公有制为主体、多种所有制经济共同发展转变；从单一的按劳分配制度向以按劳分配为主体、多种分配方式并存的分配制度转变，等等。这些方面的变化引起了利益格局的深刻调整，从而使新时期利益关系呈现出一些新的重要特点。根据党的十八大报告的表述，我国利益格局建设的总体目标是"收入分配差距缩小，中等收入群体持续扩大，扶贫对象大幅减少"，具体导向则是"两同步"、"两提高"，即"居民收入增长和经济发展同步、劳动报酬增长和劳动生产率提高同步""提高居民收入在国民收入分配中的比重，提高劳动报酬在初次分配中的比重"。改革开放以来，江苏省经济发展取得巨大成就，同时也存在一些比较突出的问题。为此江苏省提出了要积极发展苏南，加快振兴苏北的方针，并积极研究推进沿海地区综合开发战略，以此来推动苏北的发展，促进苏中的崛起，支撑苏南的提升。党的十八大召开以后，省委省政府按照把握稳中求进总基调、强化了"八项工程"主抓手、突出转型升级着力点、营造和谐稳定好环境的总要求，坚持"又好又快"工作导向，在经济和社会发展方面，坚持稳中求进，全力做好稳增长、控物价、调结构、惠民生、抓改革、促和谐等各项工作。当从总体上来看，江苏发展中不平衡、不协调、不可持续问题依然存在。"两个同步"的目标并未能有效实现，收入分配制度滞后等问题。①

客观地说，利益差别是一个社会发展与进步所不可避免的，但是，一个利益差别过大的社会也是一个并不健康和谐的社会。因此，建立健

---

① 许朗：《江苏省收入分配制度改革探讨》，http：//www.chinareform.org.cn/society/income/Practice/201211/t20121114_154856.htm。

全社会利益协调机制，是构建社会主义和谐社会的内在的必然的要求，也是当前紧迫的需要。要真正切实推动经济又好又快发展，就需要加强各方面利益的统筹协调，更加重视经济领域各个方面、各个层次的均衡发展，更加重视统筹协调好区域发展和城乡发展，更加重视统筹协调好经济建设、人口增长与资源利用、环境保护的关系，从而促进经济社会的全面发展和进步。按照党的十八大要求，我们既要充分发挥市场在资源配置和社会利益调节中的作用，充分利用市场机制为不同利益主体创造公平竞争环境；又要充分发挥宏观调控作用，通过制定法律及相关制度、政策，努力为不同所有制、地区、行业的社会成员参与平等竞争、保障各方利益创造良好环境。对此，我们提出以下几点意见：一是加大产业结构调整力度。按照调高调轻调优调强的思路，从做大做强战略性新兴产业、加快发展现代服务业、改造提升传统产业三方面着力，加快构建现代产业体系，打造具有国际影响力的知名品牌，确保服务业比重提高1个百分点；二是更大力度统筹城乡发展。贯彻落实十八大新精神，报告提出：毫不放松地抓好"三农"工作；积极推进城乡发展一体化，有序推进农业转移人口市民化；扎实推进城镇化，促进大中小城市和小城镇协调发展，推动城镇化向质量提升转变。做好城乡统筹，要从注重整个城市的规划、明确产业布局、做好公共配套服务和重视基础设施建设四个方面做起。"一定要方便村民，无论上学、医疗、娱乐，都要让村民体会到便利。"根据各个地方的特色，对村庄进行规划，结合各自的乡土特色、老百姓生活特色、产业特色、配套设施特色进行布局。小城镇交通不拥挤，空气清新，生活便利，相信下一步的努力建设，一定会吸引更多人来东海县居住；四是更高层次促进区域协调。这部分内容突出体现了"分类指导"的方针。围绕如期建成全面小康社会目标，继续加大对苏北的扶持力度，加快苏北振兴步伐。围绕进一步提高全面小康建设水平，推动苏中崛起，提高苏中整体发展水平。围绕率先基本实现现代化，促进苏南率先发展，更好地发挥先行示范作用。

四 有效途径：规范公民政治参与

公民政治参与是社会主义和谐社会的题中应有之意。它是民主法治的衡量标准，是公平正义的必然要求，是社会充满活力的集中表现。制度化的政治参与更是构建社会主义和谐社会的重要手段。它是社会各阶层的利益协调机制，是公共政策合法性的有力保障，是维护政治稳定的有效途径。没有公民参与的政治稳定是虚假的稳定。政治发展在某种程度上意味着民主的深化与拓展，而公民政治参与的扩大是民主政治的重要内涵，"政治参与的扩大是政治现代化的标志"。[1] 在政治发展过程中，随着公民民主意识、主体意识和参与意识的不断增强，公民政治参与将会日益扩大，体制内的政治参与有利于民主政治的发展，而体制外的政治参与如果不能有效掌控和引导，就可能导致政治的不稳定。哈耶克认为人的理性和知识是有限的、分散的以及不确定的，所以有必要建立一种"分散的个人知识"基础之上的限制政治权威的有效机制，"这种分散性的知识可以通过这样的事实而得到应用，即机会对于不同个体来说乃是不尽相同的。那种认为政府能够决定所有人的机会的观点，尤其是那种认为政府能够确保每个个体机会完全相等的观点，是与自由社会的基本观点相冲突的。"[2] 所以，政治权威需要保持在合理的限度之内，要给公民留下自我调适、自我活动的私人空间，政治权威不应该将抽象的理想信念、价值追求等强加给公民，而应尽量疏通现有的利益表达和政治参与渠道，争取使社会矛盾与问题通过现有的途径和渠道得到妥善处理和解决。公民社会通过自治组织和契约关系实现自我管理，架设起国家与公民之间以及国家与社会之间沟通的桥梁，使之产生良性互动。一方面，公民社会有利于制衡政治权威。在公民社会里，公民不再是简单的个体，而是以团体或组织的方式

---

[1] [美] 塞缪尔·P. 亨廷顿：《难以抉择》，汪晓寿译，华夏出版社1988年版，第1页。
[2] 弗里德里希·哈耶克：《法律、立法和自由》，中国大百科全书出版社2000年版，第12页。

结合起来，通过理性的有节制的行动来达到制衡政治权威的目的；另一方面，公民社会有利于保障公民权利，开辟了公民利益诉求和民主参与的渠道，通过公民有节制地参与国家政治事务，顺应公民社会的民主要求，持续推动政治体制的变革和创新，有利于维持现有的政治秩序、推动经济社会的协调发展，从而促进政治进步。通过这种良性互动为国家与公民以及国家与社会之间提供信息及能量交换，从而有利于政治系统内输入与输出之间的动态平衡，并使之处于一种和谐共处的状态。协商民主理论认为，政治决策的合法性不仅仅来源于多数的决定，而是需要所有人的参与。公民通过一定的组织和参与方式来参与决策公共事务，协商解决政治发展中存在的矛盾和问题，可以完善政治权威的决策依据，使得决策更合理更具合法性。"与非协商形式的决策相比，通过协商做出的决策能够获得更广泛的公共支持。"[1] 在现代国家建构进程中，协调政治发展促进政治稳定是政治体系完善的一项重要任务，也是一个长期的系统工程。规范公民的政治参与有利于构建国家与公民之间以及国家与社会之间的协作平衡关系，能够保证政治体系发展的连续性和有序性，能够控制民主政治发展的方向、进程和步骤，从而缓解政治发展过程中产生的矛盾与张力，为促进社会政治的和谐稳定提供基本的政治条件。公民的政治参与也是我国《宪法》所赋予的基本权利。根据我国《宪法》规定，公民有言论、出版、集会、结社、游行、示威的自由，有宗教信仰自由。对于任何国家机关和国家工作人员，有提出批评和建议的权利。

改革开放以来，中国经历着经济、政治和社会结构等领域的转型。这促进了利益主体多样化的同时，也催生了公民政治参与意识的觉醒，公民要求参与政治的愿望和要求不断增强。当然，在改革开放的过程中，民众政治参与的方式、渠道等也在不断地拓宽。不仅有政治领域中

---

[1] 克里斯蒂安·亨诺德：《法团主义、多元主义与民主：走向协商的官僚责任理论》，陈家刚译，上海三联书店2004年版，第300页。

通过选出的代表来进行公共决策的间接参与，也有公民参加国家政治生活中的选举活动的直接参与。民众可以参加各种政治组织、选举各级人民代表、讨论政府政策、评议政府官员、举报违法行为、管理公共事务等；在涉及公民自身利益，各级工会组织保障农民工的合法权益又与公共权力相关的问题纠纷中公民直接表达自身利益要求，捍卫自身利益，比如诉诸媒体、行政诉讼和集会等。民众还广泛参与社会的经济生活和文化生活，如参与工厂管理、发起环境保护行动、组织公益文化活动、救助弱势群体等。民众还可以参与居民的社区生活。特别是在公民社会越来越发达的今天，公民参与的范围正在日益扩大，已经从国家的正式领域，扩大到社会的非正式领域。

在公民参与的制度建设方面，江苏已经走在全国的前列，在公民有序参与领域进行的一系列制度建设和平台打造，为公民有序参与提供了可持续发展空间。例如：江苏各地已经形成了较为完整的听证制度体系，如立法听证、行政处罚听证、行政复议听证、城市规划听证和价格听证，有的地方还出台了社会矛盾纠纷听证、"环评"听证等。这些旨在汲取民意、集中民智、协调矛盾、解决纠纷的公民参与制度的建设，为广大人民群众积极投身江苏基本建设，以及全省经济、社会和文化大发展大繁荣创造了规范有序的制度环境。在公民参与的平台建设方面，也是形式多样、活泼有效，极大地激发了公众参与的积极性。比如江苏各地法院实行的"人民陪审团制度"、南京市的"万人评议机关"活动、"网络问政"平台建设以及"邻里情茶坊"的社区自治等参与模式，形成了政府与公众的双向互动，为妥善处理和解决发展问题、社会问题和民生问题开辟了民主协商、民主决策、民主监督的新领域和新空间。为全面落实社会管理创新工程要求，以加强社区建设、培育社会组织和发展社会工作人才队伍为着力点，不断强化"三社联动"效应，努力提升社区服务的社会化、专业化水平，优化社区自治管理职能，促进民生幸福和基层社会和谐稳定。

目前表达性政治参与日益活跃，同时政府与公民交流沟通的方式出现新的变化。如何规范公共政治参与仍然是摆在我们面前的重要任务。我们认为，要着力加强以下方面的工作：

一是要坚持运用选举民主和协商民主两种重要的社会主义民主形式，不断扩大社会各界的有序政治参与。改革开放以来，我们党不断健全各项民主制度，丰富民主形式，扩大公民有序的民主参与，努力保证人民依法实行民主选举、民主决策、民主管理和民主监督，享有广泛的权利和自由。实践证明，人民通过选举、投票行使权利和人民内部各方面在重大决策之前进行充分协商，尽可能就共同性问题取得一致意见，有利于扩大社会各界的有序政治参与，拓宽利益表达渠道，是我国政治发展中有效的政治运行载体和民主实现形式。把包括选举民主和协商民主在内的各种民主形式有机结合起来，互为补充，能够确保人民的意愿得到最充分的反映和表达、社会各方面的正当要求得到最大限度的实现和满足。

二是要进一步完善保障民众的诉求表达机制和利益救济机制。首先，保障社会成员的利益诉求表达渠道畅通、广泛和充分。公共权力机构特别是政府应建立起同社会成员进行充分沟通的各种渠道，降低社会成员参与的门槛，主动为社会成员及时提供必要的信息，避免由于信息的缺乏和不准确所带来的信息不对称现象，避免社会成员基于错误判断而形成的种种错误行为。其次，需要把群众的利益诉求纳入制度化、规范化、法制化的轨道。我们在健全诉求表达机制方面还有许多工作要做。要通过民意调查、信息公开、听证会、协商谈判等具体制度，拓宽社情民意表达渠道；完善党政领导干部和党代表、人大代表、政协委员联系群众制度，使他们主动走到群众中去，倾听群众呼声，解决实际问题；建立全国信访信息系统，搭建各种形式的沟通平台，积极发挥各类媒体作用，重视各种社会组织在反映诉求、规范行为等方面的作用。畅通群众利益诉求表达渠道，在完善现有民意表达渠道的基础上，用制度方式把电子政务、博客论坛、在线交流等新的民意表达渠道及方式固定下来，使群众利益诉求表达纳入制度化、规范化的轨道；

建立多元利益纠纷解决机制,完善人民调解、行政调解、司法调解联动的工作体系;建立权利保障机制,依法妥善处置各种矛盾事件,维护人民群众的合法权益。

三是必须正视非制度政治参与的存在,努力构建一个程序规范、科学公正、广泛参与的多元利益表达和政治参与机制。非制度化政治参与是指采取不符合国家法律法规或制度规定的程序和要求,而进行的影响政治决策过程的活动(包括非法政治参与,但不仅限于非法政治参与)。如以违规越级上访、非法聚会请愿、暴力抗缴不合理摊派等各种形式表达合理利益祈求的"不合法"行为。对于非制度化政治参与模式,首先,要对其进行有效控制和约束,并采取法律和经济等多种手段,积极引导和治理,建立起多元化的利益协调和分配机制,化解利益冲突。通过优化资源配置,可以形成化解纠纷、维护和谐稳定的社会合力。其次,我们要充分运用好大众传媒工具,不断完善组织机构,使之形成一个多层次、多渠道的新闻媒介网络,为公民表达意愿、参与国家政治生活提供有效的途径。再次,健全和完善人民团体和社会各种专业性群众组织,充分发挥它们在政治参与中的作用。随着社会阶层多样化趋势的发展,一方面,要积极支持新的社会阶层组建自己的团体组织;另一方面,要正确处理好执政党、政府与各群众团体如现有的工会、共青团、妇联、职代会、文联、工商联、学联以及一些专业性群众组织如保护消费者协会、中国企业家协会、律师协会等之间的关系,增强它们的民主性、群众性,破除社团组织本身的依附思想,使之真正成为各阶层公民参与国家政治生活的有效渠道。最后,要加强培训,切实提高公民政治参与能力。只有不断加强公民参政知识和技能的教育,切实提高公民的政治能力,才能真正提高公民政治参与的程度,增强政治参与的有效性。

四是逐步实现公民政治参与制度化,加强对公民政治参与的引导。加强公民政治参与的制度化,在推进社会主义民主政治的进程中具有突出的意义。如果制度准备不足,扩大政治参与就可能导致政治不稳定。进一步健全完善我国政治制度,把公民政治参与的途径、方式用法律形式固定下来,使之制度化、法律化。为此,我们要坚持和完善人民代表大会制度,坚持和完善中国共产党领导的多党合作和政治协商制度,健全和完善公民政治参与的具体制度,增加参与的有效形式,如选举制度、听证制度和建议、申诉、控告制度及信访制度、陪审制度等。进一步完善村民委员会、居民委员会和职工代表大会等基层群众自治组织,落实《宪法》和《村民委员会组织法》、《居民委员会组织条例》的规定,使之真正成为基层群众性自治组织,让广大公民积极有序地参与政治。

第二节 构建具有江苏地域特色的政治稳定机制

互联网某种程度上改变了民众的政治观与政治参与模式,网络参与也改变着政府的公共决策行为,其蕴涵的风险影响着社会的政治稳定。罗森塔尔指出:"危机是对一个社会系统的基本价值和行为准则架构产生的严重威胁,在这种情况下,时间压力和不确定性极高,必须对其做出关键性决策。"[1] 所以,网络治理需要治理主体果断决策,对于网络危机掌控适度,将网络突发事件转变为政治社会稳定的"安全阀",探索及时有效的政治稳定机制。笔者理解的政治稳定机制就是政治主体通过一定的手段和运作方式将政治稳定各构成要素及其功能组合起来,通过建立适当的体制和制度,使政治系统协调运行,在影响政治稳定的外部条件发生不确定变化时,能自动地迅速作出反应,调整其结构和功能,保持政治系统运作的秩序性、规范性和延续性,使得政治结构处在动态的、相对的稳定状态。政治稳定机制包括预警、分级响应、应急联动和决策等机制的配套实施,其运行奉行"机制整合、多元治理"的原则。

机制整合就是要做到在网络治理过程中政治稳定机制能够覆盖相关

---

[1] Uriel Rosenthal, *Copingwith Crises: The Management of Disasters, Riots, and Terrorism*. Michael T. Charles and Paul T. Hart, 1989 (Springfield, Ⅲ, Charles C. Thomas), p. 10.

职能部门，对可能遇到的网络风险进行分级、分类，再分阶段有步骤地针对不同种类风险采取相应的应对措施，将应急管理纳入常态管理之中。

江苏要在新的起点上开创科学发展新局面，全面建成更高水平小康社会，开启基本实现现代化新征程，需要具有江苏特色的政治稳定机制来保障。因此，2013年5月29日江苏省委召开新闻发布会，为更加科学地对江苏"两个率先"进行定量评价，江苏修订了率先全面建成小康社会和率先基本实现现代化两个指标体系，并于5月28日正式发布试行。根据党的十八大精神以及2013年4月颁布实施的《苏南现代化建设示范区规划》的目标要求，江苏省委、省政府对2003年和2011年分别制定出台的《江苏省全面建设小康社会主要指标》和《江苏基本实现现代化指标体系（试行）》进行丰富完善提升。两个指标体系均新增了民主法治等内容，此次修订无论是新增、替换部分指标，还是提高部分指标目标值，大多数是关于江苏如何通过政治稳定的实现来促进政治社会的发展，反映出江苏发展最核心的要求：全面落实"六个注重"，深入实施"六大战略"，全力推进"八项工程"，都体现出科学发展、以人为本和转型升级、注重质量的要求，兼顾平均数和大多数，体现出对民生幸福的高度重视，有利于构建有江苏地域特色的政治稳定机制。

一 网络预警机制的构建

网络预警机制就是要建立系统的关于网络突发事件诱因的监测、评估、预控、自动应对等一系列管理流程和制度，并且进行动态跟踪评估，以及时发现和预判网络危机的诱发因素，据此及时调整具体的应对决策行为，增强对网络突发事件的预判、分析能力，以确保互联网系统处于有序的安全运行状态。关于网络预警的管理，从系统控制论角度来理解，就是在网络治理过程中，构建一种对同质、同类网络突发事件能够"免疫"，并能预防和矫正各种类似网络突发事件的"自组织"机制，以确保互联网的健康运行和良性发展。

网络预警动态管理系统可以分为预警分析和预控对策两方面。预警分析是对网络突发事件的各种诱因进行自动甄别与评估，对可能的诱因及时作出警示。其内容包括监测、评估和自动报警，监测是预警的前提，是对整个互联网日常运行过程进行不间断的监测以及时发现可能的致灾因素；评估是对监测的数据信息及时进行分析，甄别可能导致网络突发事件的主要诱因，以确认相关的危险源及划分等级程度；自动报警就是当危险达到一定等级程度，系统将向网络预警信息系统自动发出警报。预控对策是对预警分析输出的数据信息进行综合评估，对危险诱因的早期征兆进行及时矫正或预报，对危险源进行自动识别和跟踪，并及时反馈给网络预警信息系统，以达到对网络危机事件的早期预防和控制。

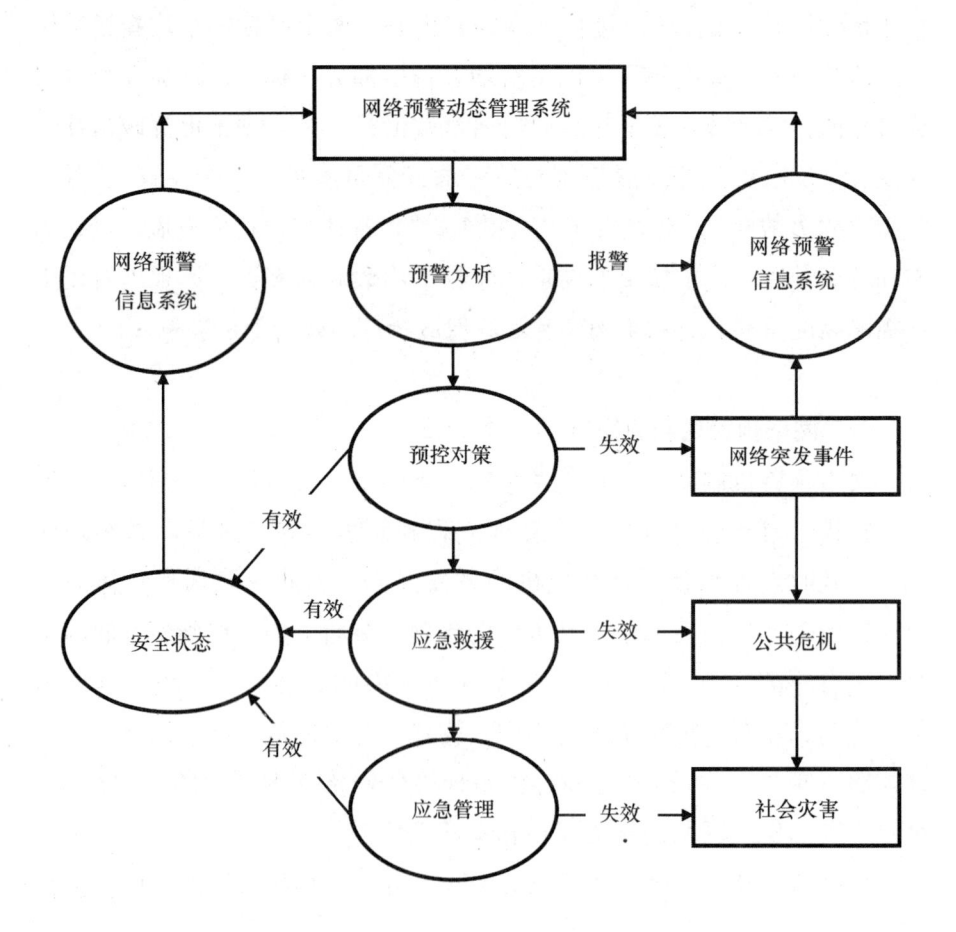

网络预警机制的动态跟踪评估系统就是对互联网的运行进行日常监测，以及时捕捉和发现引发危机的诱因及其源头，并迅速判断其危害等级程度，从而采取及时有效的预控对策。正确有效的网络预控对策有利于"安全状态"的维持；失效的网络预控对策将导致网络突发事件的发生，如不能进行有效的紧急救援，将衍变为社会公共危机，而此时应急管理主体如果没有有效的应急管理措施，会导致公共危机转化为全面的社会灾害。与此同时，网络预警过程中形成的相关数据和预控对策信息，又会反馈到网络预警信息系统，将自动调整和优化下一循环过程的网络预警，形成一个动态循环系统，一旦危机超出系统的承受限度就会自动发出预警。

预警体系在江苏实现小康社会、基本实现现代化两个指标体系的运用中非常重要，预警是建立在对社会的经济、政治、文化、社会、生态文明建设的各项指标和各项舆情研判基础上的。江苏要建设的现代化，是具有时代特征、中国特色、江苏特点的社会主义现代化。据有关统计，30项指标中有16项为国际通用指标；8项为国内可比指标；6项为江苏省自创指标，包括现代农业发展水平、高新技术产业产值占规模以上工业产值比重、自主品牌企业增加值占GDP比重、居民住房水平、和谐社区建设水平、村庄环境整治达标率。整个指标体系，由经济发展、人民生活、社会发展、生态环境共四大类指标组成。除人均地区生产总值、城市化水平、研发经费支出占GDP比重、基尼系数等一系列人们较为熟悉的经济、社会发展指标外，还有人均预期寿命、每千人拥有医生数、空气质量优良天数比例等一系列与人们生活息息相关的指标。省委、省政府要求基本现代化指标体系预警监测范围为全省和各省辖市，从2013年开始，首先对苏南五市进行监测评价。全省和苏中、苏北地区省辖市达到全面建成小康社会指标体系要求后，再用修订后的基本实现现代化指标体系进行监测评价。尽管早些年我国东部沿海一些省份就开始研究现代化指标体系，但只有江苏是通过党代会讨论并通过每年预警监测来推进。整个指标体系（如党风廉政建设满意度、法治和平安建设水平、法治建设满意度、公众安全感、和谐社区建设水平、城市和谐社区建设达标率、农村和谐社区建设达标率、人民群众对基本现代化建设成果满意度等都是有关江苏政治发展的课题）都有具体的分值，需要动态的跟踪预警评估，出现情况，及时提醒、通知相关部门。例如江苏省昆山市设立一种风险预警评估机制，紧紧围绕维护社会稳定，保障经济发展这一主线，实行社会稳定风险评估这一方法，有效地设置了维护社会稳定的第一道防线。社会稳定风险预警评估是对党委、政府确定的重大项目和各村（居）民委员会实施的实事工程、民生工程逐一进行风险评估。注重源头预防，健全民主决策，内容涉及征地拆迁、劳动保障、环境保护、教育医疗、安全生产、食品药品、城乡建设、社会管理、企业改制等。调处中心、综治、信访部门牵头组织相关职能部门和项目涉及的单位进行排查、会商、整理，对项目实施过程中可能产生的矛盾和问题进行先期预测、先期研判、先期介入，最大限度地消除不和谐因素；江苏省常州市武进区对有异常上访、集体上访、群体性事件苗头，及时向有关单位和部门进行预警，督促其提前做好化解或防范；定期对管辖地区和部门信访情况进行分析通报，加强预测预防，及时发现和解决苗头性问题；对信访举报相对集中的部门、单位和个人进行预警谈话；江苏省赣榆县构建矛盾预防机制。利用基层舆情信息员，对各种动态性、苗头性的家庭矛盾纠纷及时上报、汇总、分析，保证矛盾纠纷早预测、早发现、早分析；对于调解的重大家庭纠纷，定期回访，防止纠纷出现反复。改进纠纷预警体系工作。深入开展日、周、月、季矛盾纠纷排查制度，推行纠纷排查每周下访工作制度，开展经常化的纠纷排查工作。建立镇、村（居委会）矛盾纠纷档案，将每次排查出的最新纠纷信息记入档案，随时把握本村矛盾纠纷的新情况、新问题；根据农忙与农闲、农村庙会、传统节日和节庆日制定排查方向，找准重点户，重点人随时跟踪排查；盯牢纠纷多发区域，开展每日排查报告制度；针对不同地点、不同季节、不同区域有规律开展排查。总之，风险预警评估机制为党委政府决策提供了科学依据,为维稳工作厘清了思路,为破解信访突出事件做好了预警预案,通过构筑维稳工作体系,认真抓好源头预防和排查预警工作,坚持预防为主、源头治理,坚持预警在前、调解优先,坚持重在基层、依靠群众,能够把各类矛盾化解在基层、解决在萌芽状态。

二 分级响应机制的选择

选择合适的响应机制是网络危机管理中重要的环节。罗伯特·希斯(Robert Heath)在《危机管理》一书中提出了"危机慎思"的概念。[①]"危机慎思"为网络危机的决策管理提供了一种应变管理方法,要求管理者在应对网络危机时能够保持冷静,考虑如何利用有限的时间和信息资源选择有效的应对策略和行动方案。[②] 同时,希斯又提出危机管理中的二八定律(80/20法则),即在危机情境下,80%的设备和人员随时都可以利用,但是20%的设备和人员有可能不能投入使用;而80%的80%(也就是总额的64%)将会按照危机管理中心的指令进行应对,余下20%的资源会由于种种原因不能使用或拒绝应对;实际上真正能够应对危机的资源只有按指令应对设备、人员的80%(也就是总额的51.2%)能够达到危机管理者的初衷。因此,在危机管理中即便是最有效的应对决策也可能仅仅使用了近一半的资源。依据这一法则,在网络危机的应对中要预先拟定多种分级响应预案和准备充足的备用资源,每一层级的危机事件最好在该层级得到处理,以合理有效地使用应急资源。

危机事件中的分级响应机制包括两个层次的内涵:一方面,以危机事件的规模范围和应对能力为主要依据的分级响应。就是在网络突发事件发生后或得到预警后,根据突发事件相应的分级标准,以事发地危机管理主体是否有足够的能力应对为基础,分级管理、条块结合、以

[①] 罗伯特·希斯:《危机管理》,中信出版社2001年版。
[②] 赵妮娅、叶静:《建立健全预警和应急机制政府应对突发事件的关键》,《甘肃行政学院学报》2004年第1期。

块为主。凡是该级危机管理主体能够处置的由该级危机管理主体统一负责，该级危机管理主体无法应对或规模升级跨区域时才由上一级危机管理主体来负责协调；同时，建立以某一级危机管理主体为主，上级危机管理主体支持和援助的组织协调机制，跨区域、跨部门的应急管理由中央层级牵头组织，其他层级积极配合的救援机制。另一方面，可以按突发事件的严重程度和影响幅度进行分级，譬如分为特别严重（Ⅰ级）、严重（Ⅱ级）、较重（Ⅲ级）和一般（Ⅳ级）等级别。每个级别对应各自的应急预案，其中预警的级别、组织动员的范围、应急处置的方法都各不相同，各危机管理层级按应急程序要求进入不同的应急状态，根据危机事件的严重程度和影响程度，向相应的危机管理层级进行报警或通知，以启动相关的安全防御系统和应急预案。

具体到江苏的危机应对实践中，应用分级响应机制，可以将13个省辖市作为危机管理主体，统一负责本区域内的突发危机事件，只有当市级危机管理主体无法应对或规模升级跨区域时才由省一级危机管理主体来负责协调；同时，建立以省一级危机管理主体为主，中央危机管理主体支持和援助的组织协调机制，跨区域、跨部门的应急管理由中央层级牵头组织，其他层级积极配合的救援机制。为确保分级响应机制的正常运转，江苏一些地方进行了有效尝试。例如江苏省南通市根据不同层级组建联席会议，联席会议建立首问负责制、归口受理制、催办督办制以及台账、奖惩考核等一系列的规章制度，建立"统一受理、归口分流、催办督办、跟踪回访"的运转流程。采取一个窗口对外服务的模式，统一受理进驻各部门职责范围内的纠纷调处、咨询投诉等事项。由会议主席统一协调，按部门职责，确定承办人。按照专人专案原则，对案件实行督办制度，承办期满尚未办结的，由组委会进行催办。同时，定期对当事人进行回访，确保问题彻底解决。制定完善案件受理范围、会议组织程序等配套制度，促使联席会议机制做到参加人员、办公场所、经费保障"三齐全"，牌子、证件、文书"三统一"，卷宗整理、调解制度、使用印章"三规范"；江苏盐城市委、市政府把握维稳工作规律,建立健全七项维稳工作长效机制。在构建维稳工作长效机制过程中,市委政法委、市综治办作为全市维稳工作牵头组织协调部门,充分发挥政法综治维稳主力军作用,动员社会各方力量,重点突出如何落实领导干部维稳责任、如何排查发现涉稳问题、如何源头控制"可防性"涉稳事态、如何整治解决涉稳问题、如何处置突发涉稳事件、如何督查考核维护稳定绩效、如何追究维稳失职责任等维稳工作规律,着手构建了七个方面维稳工作长效机制。

选择合适的分级响应机制,可以统筹组织和分配危机应对的人力、物力,能够合理有效地使用应急资源。

三 应急联动机制的完善

应急联动机制就是通过日常的预警进行风险分析,同时对危机决策的可行性、应急人员队伍的配备、应急资源的储备配置、应急指挥机构的设置布局和应急技术系统的稳定性等问题,采用数据包网络分析、主成分分析等方法进行评估和验证,从而使得以上与网络危机应对的相关因素能够在接到危机预警信号后自发联动,形成跨地区、跨部门的网络突发事件应对体系,实现信息共享、资源技术互补,以有效应对网络危机的发生。

目前在危机管理的实践方面许多国家都建立起适应本国国情的应急联动机制。美国建立了从中央联邦危机管理局(FEMA)到各州的标准化应急管理系统,地方也建立起相应的地方应急管理中心;日本成立了部一级的危机管理常设中心;印度政府专门设有"危机管理小组"。而在我国应急联动功能的综合体系还不健全,因此,在网络危机的治理中,应急联动机制的完善非常必要。相互协作、反应快速的应急联动机制,主要包括通过计算机联网和网络预警形成的信息资源共享机制;通过设定危机类别和级别而进行风险提示的预警机制;通过制定应急预案而建立的分工协作、快速反应机制等。在政府层面来说,首先是中央和地方的联动,中央组建常设的综合性应急协调机构,统一负责突发事件的协调管理和资源整合。地方层面，明确地方政府直接处置本地突发事件的责任，并赋予其统一实施应急处置的权限；其次是政府与非政府组织和公民个人的合作联动，通过政府与民间组织、公民个人乃至国际组织签订协议形成的相互沟通协作机制等。由于突发事件的不确定性、去中心化、传播的快速性和传播范围的广阔性，仅仅依靠政府部门难以应对，与非政府组织和公民个人的协调互动不可或缺。同时，应急联动机制需要国际间的合作互助。在全球化和网络化背景下，突发事件的原因和结果往往也是世界性的，发生在一国的危机其传播和影响具有全球化特征，所以，有效应对危机需要国家之间的合作和国际组织的共同参与。

作为东部沿海经济发达省份，江苏较早面临着矛盾凸显期的各种问题，社会矛盾纠纷大量存在，由此引发的群体性事件呈增多趋势，刑事案件发案率较高，严重危害公共安全和影响群众安全感的重大恶性案件时有发生。从2003年8月开始，江苏省委、省政府从实践"三个代表"重要思想、全面落实科学发展观的高度，着眼于全面提升全省维护社会稳定水平和构建和谐社会的能力，作出《关于在全省开展"建设平安江苏、创建最安全地区"活动的决定》。新一轮平安江苏建设考核体系，在"社会治安安全市、县（市、区）"建成率、考评标准以及具体工作绩效等方面拓展了创建的内容，提高了考核的标准，强化了领导的责任，以此引领全省各地各部门把"平安江苏"建设的各项工作和标准推向一个新的更高的水平。

首先，加强组织领导。按照中央的相关部署，江苏省委、省政府每年都召开大会进行动员部署。省委常委会将"平安江苏"建设工作列入年度工作要点，并专题研究维护稳定和"平安江苏"建设工作。各级党委、政府把平安建设纳入本地区经济社会发展总体规划，列入党政综合考核评价体系（不低于考核总分的10%），列为政府为民办实事工程，及时制定实施意见，分解目标任务，细化工作要求，强化创建措施，全力以赴地开展平安建设活动。省、市、县（市、区）、乡镇（街道）层层建立了创建工作领导小组及其办公室，各级综治委成员单位也都在本系统、本单位建立了相应的领导机构。

其次，形成全社会齐抓共管的合力。各级人大、政协积极发挥作用。江苏省人大把"平安江苏"创建活动作为小康社会和政治文明建设的重要内容，写进常委会决议。各级人民法院贯彻"依法从重从快"方针，及时审判严重刑事犯罪案件，充分发挥了刑事审判的打击与保障功能，既化解了大量的社会矛盾纠纷，又维护了各类经济主体的合法权益。检察机关积极参与整治斗争、整顿和规范市场经济秩序、"大调解"、青少年维权、法律进社区等工作。公安机关精心打造情报信息、防控体系、破案攻坚"三大品牌"，建立完善快速反应和应急处置机制。司法行政部门切实加强社会矛盾纠纷排查调处，积极探索刑释解教人员安置帮教新途径，大力开展社区矫正试点工作，广泛开展法律宣传、法律援助、法律服务工作。国家安全机关全面搜集深层次的情报信息，严密防范和严厉打击敌对势力、敌对分子的各种渗透破坏活动，为维护国家安全和社会政治稳定作出了重要贡献。江苏省综治委各成员单位围绕平安建设奋斗目标，对照本部门社会治安综合治理和平安建设的职责分工，制定本部门、本系统的平安工作规划和年度实施方案，抓好平安创建各项措施的落实。

最后，建立健全平安建设考评机制。2003 年，江苏省出台《社会治安综合治理检查督办制度》和《关于实施社会治安综合治理一票否决的若干意见》。2004 年，制定《江苏省社会治安综合治理警示制度》。2008 年，下发《关于加强领导干部履行社会治安综合治理职责情况考核的通知》和《关于建立抓社会治安综合治理工作的党政领导干部表彰奖励征求综治部门意见制度的通知》。通过建立健全责任制，把落实社会治安综合治理领导责任制作为平安建设的关键来抓，严格落实领导责任制、部门责任制、单位责任制和"一票否决"制、警示制、领导责任查究制，把社会治安综合治理的各项任务真正落实到各地区、各部门、各单位，基本形成了一级抓一级，一级对一级负责的工作局面。为使考核标准体现科学性、合理性、可操作性以及对工作的导向性，江苏省综治委每年都要对考评办法进行修订，调整考核重点，渐进调高考核标准，并侧重对年度重点工作的考核。同时，不断严格和完善考核方式。严格的检查考核极大地推动了各地的工作，形成了平安建设真抓实干的浓厚氛围，加大了责任追究的力度。

例如江苏省南京市溧水区创新发展联动机制，解决历史遗留问题。积极发挥"大调解"的联动职能，注重在"联"字上下功夫。一是以灵活的方法促联动。各镇调处中心根据受理的不同社会矛盾纠纷，在综合各方面因素的基础上，确定调处部门和调处方式，采取直接调解与联合调解、调解室调解与现场调解的不同形式，推动大调解的整体联动机制。二是以相互配合求联动。加强沟通与协调，通过一个窗口对外，避免多处受理，相互推诿的现象，提高了对各类矛盾纠纷的快速反应能力和调处能力。三是以联席会议机制推联动。通过定期或不定期联席会议，研究纠纷动态和基本情况，落实重大纠纷处置责任人、责任单位，研究工作措施、步骤和方法，把大量不稳定因素消除在萌芽状态，有效避免了一些矛盾纠纷由信访变成人访、个访上升为群访、集访变为无序访、本级访变成越级访，提高了工作的效能，使"大调解"机制的作用得到了充分发挥。

江苏省沛县公安局针对地处苏鲁两省接合部的特殊区位，近年来探索构建以矛盾纠纷联合调处、涉边案事件属人管辖、社会治安联防联治为主要内容的省际边界维稳创安机制，有效维护了边界稳定，深化了两省平安建设。沛县公安局搭建维稳创安工作平台，推动成立了以双边乡镇党委书记为组长，乡镇政法、公安机关负责人等为成员的边界平安法治创建维稳领导小组，并以边界乡镇维稳中心和政法综治服务中心为枢纽，在沛县、山东接壤的村子成立了平安法治边界创建工作站，形成了乡镇政法综治牵头、依托村（居）、部门联动的维稳创安工作平台。健全联防联治机制，合力预防打击犯罪。沛县警方在出省主要干道建立省际边界卡点，在交界地区治安复杂的行政村、要道口建立室卡合一的中心警务室，配齐配强警力、警车和电子监控设施，实行全天候堵控。边界村全部组建治安巡逻队，在边界地区开展义务巡逻防范活动，严密防范和打击跨区流窜犯罪。

与山东微山、鱼台两地公安机关签订了边界警情联处协议，联合制作了重点部位、重点堵截卡点示意图，推动边界地区省际治安卡口协作联动，构建扁平化实战指挥机制。

江苏省南通市健全应急联动机制，形成整体合力。完善信息共享机制，定期组织集中排查矛盾纠纷，及时召开会议分析研究治安、信访、安全形势。对于群众反映以及通过排查发现的重大问题，及时安排召开联席会议加以解决。例如对群体性的劳动争议纠纷，一方面做好法律解释宣传工作；另一方面主动联系劳动部门，尽量以非诉讼的方式解决有关劳动者工资、福利待遇问题，充分发挥行政监察的作用，方便、快捷地解决问题。切实增强干部的大局意识和责任意识，实行严格的考核制度，并将其表现纳为该部门当年度的重要考核内容予以考核。制订详细的奖惩措施，对先进部门和个人给予奖励，对故意推脱、作风散漫的部门和个人给予黄牌警告或一票否决，以提高工作人员的积极性和荣誉感。

四 应急决策机制的流程分析

应急决策是应急管理的核心环节，在突发事件或公共危机已经全面爆发或者即将爆发的情况下，决策主体为了及时应对，往往省去常规决策中的某些环节和机制，利用现有的资源、条件和决策信息，以尽快的速度进行判断、作出决策。应急决策是一种在巨大的压力环境和有限的决策条件下完成的特殊决策过程。例如"9·11"事件后，美国政府在45分钟之内就作出美国遭受恐怖袭击的判断，及时准确的定性有利于接下来的反恐应急决策。所以，应急决策机制是根据危机事态发展的不同阶段，将多阶段不确定性决策的动态过程进行整合，通过及时准确的决策部署和快速决策程序来完善决策方案，以达到预期的决策效果。

依据组织决策理论，应急决策机制需要对决策流程进行分析，探索不同危机约束条件下的应对策略。决策流程主要包括确定目标风险、收集危机信息、判断风险的性质与危害程度、拟定备选预案、确认应对方案、执行应对决策和评估反馈决策等阶段。通过决策流程的分析，能够确认危机的对象，识别引发危机的来源，选择解决危机的主体，甄别应对危机的预案，保障处置危机的资源。这样才能形成统筹兼顾的应急决策机制，即通过网络信息监测预报达到信息资源共享，通过设定危机类别和等级程度进行风险提示，通过应急预案进行分工协作的应对，通过国家与社会、组织与个人、国内与国际相互沟通协调建立多元治理的机制等。

江苏省为应对突发危机事件，创新了社会矛盾纠纷"大调解"的工作机制，以增强维护社会稳定的能力。随着经济转型、体制转轨、利益调整和社会变革，诸如企业改制、征地拆迁、环境保护、劳资关系等一系列新型社会矛盾凸显出来。这些矛盾往往跨地区、跨部门、跨行业，涉及面广，处理难度大。为有效解决这些矛盾，从源头上维护社会稳定，江苏积极探索并建立社会矛盾纠纷"大调解"机制。2004年3月，江苏出台《关于进一步加强社会矛盾纠纷调解工作的意见》，总结推广南通等地创造的社会矛盾纠纷"大调解"工作的经验，在全省形成党委政府统一领导、政法综治牵头协调、调处中心组织管理、司法部门业务指导、相关部门各负其责、社会各方广泛参与的社会矛盾纠纷"大调解"工作格局。"大调解"机制集人民调解、行政调解和司法调解于一体，不仅及时调处婚姻、家庭、邻里等民间矛盾纠纷，而且更加有效地调处化解改革发展过程中产生的跨地区、跨部门、跨行业、跨所有制的各种疑难复杂的矛盾纠纷。

为完善应急决策的"大调解"机制，首先需要构建"大调解"机制的平台。面对新时期社会矛盾纠纷的规律特点，需要积极构建调处化解社会矛盾纠纷新的工作平台，最大限度地调动和整合社会各方面调解力量。从2004年起，在省和13个省辖市建立了社会矛盾纠纷调解工作联席会议制度或"大调解"指导委员会，具体负责"大调解"工作的宏观部署、政策调研、综合协调和检查指导，总结推广成功经验。全省各县（市、区）和乡镇（街道）建立综治牵头，司法行政或信访部门为主，法院、公安、交通、城建、工商等职能部门参与联动的社会矛盾纠纷调处服务中心。县（市、区）调处中心负责直接调处或与有关部门联合调处重大疑难矛盾纠纷，对影响社会稳定的倾向性、苗头性问题进行分析研判，及时预警，加强督办。乡镇（街道）调处中心与司法所合署办公，具体负责调解民间矛盾纠纷，参与调处因土地承包、征地拆迁、企业改制等引发的社会矛盾纠纷，负责矛盾纠纷的排查预警和初期化解工作，努力做好矛盾纠纷的调处、钝化和控制工作。2007年底，筹建了由省、市司法行政部门具体负责的社会矛盾纠纷调解工作指导办公室，加强县、乡两级社会矛盾纠纷调解工作领导小组建设，在全省逐步形成政法综治牵头、司法行政具体管理的大调解组织领导体制。适应新时期矛盾纠纷的新情况新特点，设立88个县（市、区）人民调解委员会，与社会矛盾纠纷调处服务中心合署办公，并进一步确立了县级调处中心调处矛盾纠纷的法律地位。各地在巩固完善乡镇（街道）、村（社区）人民调解委员会的同时，在区划交界地带建立区域性人民调解组织，在单位、企业建立健全人民调解组织，在各类市场建立发展行业性人民调解组织，在全国率先开展了医患纠纷人民调解委员会试点工作，在农村村民小组、城镇小区居民院落、企业车间班组等广泛建立调解信息员队伍，把调解的触角延伸到社会的各个角落，有力地提高了矛盾纠纷信息预警和调处化解能力。

其次，需要规范运作程序。为了整合调解资源，综合调解手段，实行社会联动，强化整体合力，需要统一规范"大调解"的运作程序。一是统一受理。调处服务中心设立一个窗口对外，统一受理群众和有关单位、企业请求调处的各类矛盾纠纷。二是集中梳理。根据矛盾纠纷的不同性质、地域范围及复杂程度，按照"属地管理"和"谁主管谁负责"的原则，落实具体的调处责任部门、单位和调解组织。三是归口办理。有关职能部门或调解组织对调处服务中心交办的矛盾纠纷，必须在规定时限内调处终结，并反馈结果。调处困难或调处无效的，按规定程序回流至调处服务中心，由调处服务中心调处会办。四是依法调处。调处服务中心坚持自愿、平等和尊重当事人诉权的原则，参照民事司法程序设立调解庭，制定调解规则，依据法律政策和规范程序合情合理合法调处。对法律有明文规定，经多次调解仍存在较大分歧的矛盾纠纷，及时引导当事人通过司法途径解决纷争。五是限期办结。对一般民事纠纷，调解组织在 10 日内办结；对重大复杂或跨地区的矛盾纠纷，在 20 日内办结，特殊情况在两个月内办结，从而确保矛盾纠纷能够及时调处。为了保证县、乡两级调处服务中心能够真正发挥整合力量、联动各方的作用，各级党委、政府赋予调处服务中心分流指派权、协调调度权、检查督办权、责任追究建议权等四项职权，确保有纷必受、有受必处、有处必果、有果必公。

再次，需要注重相关制度建设。为使"大调解"工作有章可循，按章办事，走上制度化、规范化的轨道，在建立完善"大调解"机制过程中，需要坚持把制度建设放在突出位置，制定实施了一系列切实可行的规章制度。一是建立矛盾纠纷排查预警制度。县、乡两级调处服务中心坚持每半月排查一次社会矛盾纠纷，对排查出的问题，及时进行交办、督办，力求做到预警工作做在排查前，排查工作做在调解前，调解工作做在激化前。二是建立受理登记、分流移交、办结报告制度。在工作流程上使矛盾纠纷受理、移交、调处等环节相互衔接，形成排查、发现、调处一体化的工作机制，防止漏调失控。三是建立领导接待督办制度。规定县、乡两级党政领导要轮流到调处服务中心接待来访群众，对影响社会稳定的重大矛盾纠纷实行首问负责，直接协调处理，一办到底。四是建立协调会办、听证认证、公示公告和督查回访等制度。对涉及多个部门的重大疑难矛盾纠纷，由调处中心组织有关部门协调会办；对争议较大的矛盾纠纷，组织进行听证认证，对调处结果进行公示公告；对调结的重大疑难复杂矛盾纠纷定期组织人员进行回访，确保调处工作公开、公平、公正、高效。五是建立考核奖惩制度。各地普遍建立了比较完整的"大调解"工作考核制度，并对各种规章制度和承诺，全部向社会公开，接受人民群众和社会各界的监督，确保矛盾纠纷调处的各项措施落到实处。此外，各地还建立了诉调对接、检调对接、公调对接、访调对接、纪调对接等长效机制，由单一调解向综合调解延伸。

最后，需要强化队伍建设。本着精干、高效、务实的原则，需要坚持用人标准，把好进人关。县（市、区）社会矛盾纠纷调处服务中心的工作人员，大多从司法、公安、法院、信访、工商、土管等部门抽调协调能力强、熟悉法律政策、会做群众工作的业务骨干担任专职调解员，集中在调处服务中心办公。向社会招聘的工作人员，实行公开竞聘、组织考察、择优选用。普遍加大对两级调处服务中心工作人员和基层调委会主任的业务培训，制订培训计划，建立培训考核机制，开展多种形式的培训活动，使人民调解员能够掌握运用必要的法律政策和调解技能。各级法院通过"审务进社区"、定点挂钩、组织旁听案件审理、聘任人民陪审员等多种方式，加强对"大调解"工作的业务指导。司法行政部门将"大调解"业务指导纳入年度工作计划和目标管理，对调处服务中心的调解程序、调解方式、调解协议书等方面存在的问题，给予具体指导，帮助改进工作，保证其规范运作。

近年来，江苏省在突发危机事件的应对中，能合理、灵活应用上述四大机制，收到了良好成效。下面以启东"7·28"事件作为案例，来分析四大机制功能的发挥。2012年7月28日清晨在江苏省启东市发生一起大规模群体性事件，并造成了较大的影响。这起事件是由江苏省南通市政府对日本王子造纸等企业的大型达标水排海基础设施工程触发的。当天下午，该群体性事件基本平息。"7·28"事件发生前相当长的一段时间内，民意诉求已经十分强烈，上访、请愿已多次发生，小规模的集会亦已有之，网上的声音可以说相当强烈。及至7月25日，启东市民在网上发布消息，也有人此前散发传单，号召市民于28日举行大规模示威游行，境外媒体开始关注，事态越来越严重。事件发生前当地政府已启动了预警机制，为防止因信息不对称造成的市民聚集和围观，影响市民正常的生活秩序，启东市通过社区等基层组织向市民群众发出了一封公开信，并通过电视等告知相关消息，说明有关情况。在整个事件的处理过程中，江苏省启东市政府启动了分级响应机制、应急联动机制和应急决策机制，处理方式避免了政府与民众的恶性对抗，是一场理性的双赢，为今后处理同类事件提供了有益的启示。正如有媒体所报道："启东事件，无论是当地政府，还是市民，都是赢家。一个衣服都能被市民扒下来、扒下来还能羞涩微笑的市领导，是启东市民之幸。官员与市民之间，无须通过装甲车、催泪弹，各自表达尊严，是社会之幸。它给了政府与市民各自展现素质的机会，也给了世人一堂化解政府与市民之间矛盾的现场课。这堂课，没有输家。输了的，只是鼓励公民成为暴民的暴力赞美者。人们在这堂现场课中体会到，只要理性的决策者尊重理性民意，都能寻找到一条共同解决困难、问题和矛盾的出路。①当下，因为维权导致政府与百姓之间冲突的案例日益增多。但启东'7·28'事件以最快最理性的方式解决问题，除了市民保持了良好的素养外，市领导在突发情况下走进旋涡深处、尊重民众表达的姿态，起到了作用。当权力甚至领导者个人权威的尊严，与民众有尊严的生存发生冲突时，化解矛盾冲突的良药，不是所谓的官员处置突发事件的技巧，而是看你是否能真正读懂民众的诉求，是否能在双方的尊严中，比较出哪个更轻，哪个更重。"

启东"7·28"事件以温和的方式收场。这起事件告诉我们，解决政府与民众之间的矛盾与冲突，政府和官员是主导的一方。关键还是要将矛盾与冲突，解决在决策之前。政府及官员的权力或者权威尊严，与民众生存的尊严，可以成为矛盾，也可以成为一致的追求。唯有理

---

① 《启东事件，一场理性的双赢》，《钱江晚报》2012年7月29日。

性，才有尊重。唯有尊重，才有尊严。在理性的民主面前，尊严，可以是一个矛盾双方双赢的结果。

当然，启东"7·28"事件也引起我们深刻的反思，政府如何有效应用上述四大机制，值得进一步的探索。首先，启东"7·28"群体性事件并不复杂，处理温和理性，政府在很短时间内平息了此次事件，值得肯定。事实上，正是由于民众的强烈抗议，南通市政府才宣布永久停止该项目实施，正是由于该项目永久停止，事态才得以平息。或许，这样温和的结局确实值得欣慰，尤其值得称道的是南通启东的领导在此次事件中始终保持了温和及理性。但仔细想来，此次事件中政府的疏失不容回避。从起因看，该事件本可以防患于未然。该事件并非突发事件，已经被事先预警到，有足够的时间了解情况，从容处理这中间到底是什么因素让事态变得越来越严重。从过程看，如果对事态的演变判断准确，尽早决定永久停止该项工程，而不是暂停，该事件的爆发便会避免。从结果看，该事件是否真正"双赢"？表面上，群众的诉求得到满足，政府也维持了社会秩序的稳定，但实际上，政府付出的代价是永久停止该项工程，由此造成的一切损失，谁来承担？政府的公信力也因此大大受损。就启东地方而言，对一项合法、合规的工程一味采取否定的态度，在达不到目的的情况下，采取极端的方式反映诉求，给国内外投资者带来什么影响？进而对本地的经济社会发展带来什么影响？如果从这一角度来评论此次事件，还能说是"双赢"吗？

其次，政府与公民如何实现良性互动，需要政府建立健全危机应对的四大机制，提高政府的危机应对能力。近年来，全国范围内由环保引发的群体冲突时有发生。值得注意的是，不少项目通过了环评，甚至是省里或国家确定的重点产业项目，南通的大型达标水排海工程就是如此。这表明，中国社会发展正进入一个特殊的环保敏感期，一方面，"发展中"这一现实国情还绕不开产业的梯度转移，一些工业项目也不可能做到"零污染"；另一方面，民众的环境意识与权利意识在迅速提升。环境利益冲突既是社会进步的体现，也成为发展转型的一种折射。

（既要发展，又要环保，又不可能"零污染"，群众环保意识日益增强，政府处于左右为难的"夹心层"中。）有必要从这些新矛盾新问题中吸取教训。面对发展阶段的"环境敏感期"，地方在确实需要引入一些产业和项目时，是否尽了最大努力把环境风险降到最低？是否开展环境评估时也充分考虑了"社会风险评估"？选址、兴建与运营各环节是否做到了科学论证、公开透明、充分沟通，进而得到了大部分群众的支持？从这个意义上说，促进公民与政府的良性互动，固然需要公民理性表达诉求，更需要政府成为负责任的透明政府。除了环评上的民意沟通之外，其他制度化的通道，比如司法程序、人大监督、新闻监督乃至民众和平集会的权利，这些只要能保证部分畅通，就完全可以防止一些非理性事件的出现。

参考文献

1. 《马克思恩格斯选集》(第1卷),人民出版社1995年版。
2. 《马克思恩格斯全集》(第3卷),人民出版社1960年版。
3. 《邓小平文选》(第2卷),人民出版社1994年版。
4. 《邓小平文选》(第3卷),人民出版社1993年版。
5. 罗志军:《全面建成更高水平小康社会 开启基本实现现代化新征程》,在中国共产党江苏省第十二次代表大会上的报告(2011年11月6日)。
6. 《江苏基本实现现代化的目标内涵与现实路径读本》,江苏人民出版社2013年版。
7. 赵尔巽:《清史稿:第八册》,中华书局1976年版。
8. 孙学玉:《中国特色社会主义在江苏的成功实践》,江苏人民出版社2008年版。
9. 孙关宏:《政治学概论》,复旦大学出版社2003年版。
10. 林尚立:《权力与体制:中国政治发展的现实逻辑》,《学术月刊》2001年第5期。
11. 汪敬虞:《中国近代经济史(1895—1927)》,人民出版社2010年版。
12. 孙海泉:《上海辐射与苏南发展研究》,人民出版社2002年版。
13. 汪汉忠:《灾害、社会与现代化》,社会科学文献出版社2005年版。
14. 郭益耀:《不可忘记毛泽东:一位香港经济学家的另类看法》,牛津大学出版社 2010 年版。

15. 齐卫平、陈朋：《协商民主：社会主义政治文明的有效生长点》，《贵州社会科学》2008 年第 5 期。

16. 虞崇胜、李永洪：《民主技术是民主政治建设工具》，《天津行政学院学报》2009 年第 6 期。

17. 赵妮娅、叶静：《建立健全预警和应急机制政府应对突发事件的关键》，《甘肃行政学院学报》2004 年第 1 期。

18. 倪艳宁等：《法制统一基础上的族群民间法的价值分析》，《法制与社会》2010 年第 30 期。

19. 马爱杰等：《浅议建立"强政府"与解决群体性事件的关系》，《大连民族学院学报》2009 年第 4 期。

20. 王中伟：《浅析社会转型时期法治政府在我国的理性建构》，《辽宁行政学院学报》2008 年第 12 期。

21. 伏威：《浅论罗尔斯的契约正义思想及其对我国政治发展的启示》，《延边大学学报》（社会科学版）2011 年第 3 期。

22. 周光辉、彭斌：《认真对待共和国——关于和谐社会的政治基础的思考》，《吉林大学社会科学学报》2005 年第 4 期。

23. 陈杭平：《社会转型、法制化与法院调解》，《法制与社会发展》2010 年第 2 期。

24. 赵阳等：《当前信访案件多发的原因及解决对策》，《法制与社会》2010 年第 27 期。

25. 许子姝：《社会转型期中国信访制度的重新建构》，《东方企业文化》2010 年第 12 期。

26. 邵萍英：《维稳：政府执政能力新挑战》，《科教导刊》2010 年第 10 期。

27. 陈竹青：《我国精英政治文化与大众政治文化关系探究》，《金陵科技学院学报》（社会科学版）2009 年第 3 期。

28. 温广磊、赵雅静、崔研：《我国政治价值体系的历史变迁及其启示》,《太原师范学院学报》(社会科学版) 2009 年第 6 期。

29. 李秀明：《化解农民弱势群体消极政治心理的制度思考》,《江苏科技大学学报》(社会科学版) 2010 年第 2 期。

30. 张可创：《论我国社会转型期的和谐心理建设》,《社会工作》2010 年第 8 期。

31. 沈金诚等：《当代中国政府合法性危机分析》,《商品与质量》2010 年第 1 期。

32. 李青：《建构我国政治信任的当代实践路径探析》,《重庆工商大学学报》(社会科学版) 2010 年第 5 期。

33. 姜国峰：《社会转型时期青年政治社会化趋向的分裂与整合》,《前沿》2010 年第 15 期。

34. 赵宏：《论社会转型与中国政府改革》,《科学社会主义》2008 年第 5 期。

35. 申端锋：《基层维稳的深层次逻辑》,《人民论坛》2010 年第 27 期。

36. 周文惠等：《正确认识和妥善处理社会转型时期人民内部矛盾》,《中共成都市委党校学报》2009 年第 4 期。

37. 付铎等：《危机管理中的政府与媒体间关系》,《中国行政管理》2009 年第 7 期。

38. 厉云飞等：《公共危机事件对地方政府权威的影响及其应对》,《天府新论》2010 年第 2 期。

39. 竹立家：《社会深层次"结构性"矛盾的显现——转型期的改革与稳定》,《人民论坛》2010 年第 27 期。

40. 刘旭东：《群体性事件深度剖析》,《党政论坛》2009 年第 1 期。

41. 邵萍英：《维稳：政府执政能力新挑战》,《科教导刊》2010 年第 10 期。

42. 杨新红：《沿海发达地区农村干群关系面临的问题及对策——以宁波为例》,《广西社会主义学院学报》2010 年第 4 期。

43. 袁其波：《公民社会与当代中国政治发展》,《河北理工大学学报》

（社会科学版）2009 年第 5 期。

44. 余志权等：《全球化时代的中国社会转型与政治稳定》，《法制与社会》2010 年第 13 期。

45. 吴建华等：《协商民主的路径——公共权力制约的民主选择》，《学海》2009 年第 5 期。

46. 李胜等：《寻求权威与自由的平衡——基于国家和公民社会的路径选择》，《华东经济管理》2008 年第 12 期。

47. 刘旭东：《群体性事件深度剖析》，《党政论坛》2009 年第 1 期。

48. 丁同民：《构建和谐中原视野下的制度化信访及其完善路径研究》，《中州学刊》2009 年第 6 期。

49. 刘勇：《维护政治稳定：化解"无直接利益冲突"的根本原则》，《探索》2010 年第 1 期。

50. 赵喜儒等：《弱势群体政治参与的现实意义》，《内蒙古师范大学学报》（哲学社会科学版）2009 年第 5 期。

51. 张祝平：《农民政治参与的现实困境与发展路径——基于社会稳定视角的分析》，《浙江师范大学学报》（社会科学版）2009 年第 5 期。

52. 王昭敏：《转型时期我国公民网络利益表达分析及完善》，《长春理工大学学报》2010 年第 8 期。

53. 郑颖慧：《论近代江苏工商业运营的南北差异——以南通和无锡为例》，《江苏商论》2012 年第 11 期。

54. 马俊亚：《工业化与土布业：江苏近代农家经济结构的地区性演变》，《历史研究》2006 年第 3 期。

55. 彭安玉：《近代江苏市镇化初探》，《江苏社会科学》1993 年第 6 期。

56. 刘玲：《近代江苏南北发展不平衡的成因分析》，《宿州学院学报》2011 年第 10 期。

57. ［美］塞缪尔·P. 亨廷顿：《变化社会中的政治秩序》，王冠华译，生活·读书·新知三联书店 1989 年版。

58. 罗伯特·罗兹曼：《中国的现代化》，国家社会科学基金"比较现代化"课题组译，江苏人民出版社 1988 年版。

59. ［美］塞缪尔·P. 亨廷顿、劳伦斯·哈里森：《文化的重要作用》，程克雄译，新华出版社 2002 年版。

60. G. A 阿尔蒙德、G. B 鲍威尔：《比较政治学：体系、过程和政策》，上海译文出版社 1987 年版。

61. ［美］塞缪尔·P. 亨廷顿：《难以抉择》，汪晓寿译，华夏出版社 1988 年版。

62. 弗里德里希·哈耶克：《法律、立法和自由》，中国大百科全书出版社 2000 年版。

63. 莫里斯·迪威尔热：《政治社会学》，华夏出版社 1987 年版。

64. 罗伯特·希斯：《危机管理》，中信出版社 2001 年版。

65. 克里斯蒂安·亨诺德：《法团主义、多元主义与民主：走向协商的官僚责任理论》，陈家刚译，上海三联书店 2004 年版。

66. Uriel Rosenthal, Copingwith Crises: The Management of Disasters, Riots, and Terrorism. Michael T. Charles and Paul T. Hart, 1989 (Springfield, Ill., Charles C. Thomas), p. 10.

67. Hsiao-tung Fei, Peasant Life in China: A Field Study of Country Life in the Yangtze Valley, p. 232.

附件一

南通现代化进程中民主政治发展与政治稳定的关系调查问卷
（干、群混合卷）

您好！

  为更好地完成"江苏现代化进程中民主政治发展与政治稳定关系"的重大项目研究工作，为率先基本实现现代化作出应有贡献，我们特开展此次问卷调查。本问卷是匿名问卷，您填答的相关信息，我们将严格保密！请在合适的选项上的打"√"，或在相应的"＿＿"上填写答案。谢谢您的配合！

一 基本情况

A. 性　　别：　　　（01）□男　　　　（02）□女

B. 年　　龄：（请写明）＿＿岁

C. 民　　族：　　　（01）□汉族　　　（02）□少数民族

D. 政治面貌：（限选一项）（01）□中共党员　（02）□共青团员
　　　　　　　　　　　　（03）□民主党派　　（04）□群众

E. 文化程度：（限选一项）
　　（01）□不识字　　（02）□小学　　　（03）□初中
　　（04）□高中或中专　（05）□大专　　　（06）□本科
　　（07）□硕士研究生或以上

F. 您的家庭月人均收入：（限选一项）

　　（01）□500 元以下　　　（02）□501—1000 元

　　（03）□1001—1500 元　　（04）□1501—2000 元

　　（05）□2001—2500 元　　（06）□2501—3000 元

　　（07）□3001—4000 元　　（08）□4001 元以上

G. 您的职业是？（限选一项）

　　（01）□公务员　　（02）□事业单位　　（03）□自由职业

　　（04）□个体工商业　（05）□农民　　　（06）□学生

二　具体问题

W01. 您知道民主政治建设吗？

　　（01）□知道，非常清楚其内容　　（02）□模糊，了解一点点

　　（03）□不知道，也没听说过

W02. 您认为民主政治建设重要吗？（限选一项）

　　（01）□十分重要　　（02）□重要　　（03）□不重要

　　（04）□说不清

W03. 您认为宣传民主政治建设最有用的是哪种途径？（限选一项）

　　（01）□电视、广播　　　　（02）□报纸、网络

　　（03）□鼓励群众直接参与

　　（04）□其他（请写明）_____

W04. 您所在的单位在作出一些决策的时候，征求过您或其他同志的意见吗？（限选一项）

　　（01）□认真地征求过我或其他同志的意见

　　（02）□没有征求过我或其他同志的意见

　　（03）□走形式地征求过我或其他同志的意见

　　（04）□我从来没听说过这件事

W05. 您所在的单位实行过政务（村务、居务）公开吗？（限选一项）
　　（01）□认真做过　　　　　（02）□形式上做过
　　（03）□从来没做过　　　　（04）□我没关心这件事

W06. 您对所在单位开展过民主选举吗？（限选一项）
　　（01）□认真做过　　　　　（02）□形式上做过
　　（03）□从来没做过　　　　（04）□我没关心这件事

W07. 您对当前的民主政治建设满意吗？（限选一项）
　　（01）□满意　　　　　　　（02）□基本满意
　　（03）□不满意　　　　　　（04）□说不清

W08. 您认为当前的社会形势如何？（限选一项）
　　（01）□很好　　（02）□比较好　　（03）□一般
　　（04）□不太好　（05）□很不好　　（06）□说不清

W09. 您认为当前影响社会稳定的主要问题有哪些？
　　（请选三项，并请按重要程度排序）①（　）　②（　）　③（　）
　　a. 社会治安　　　　b. 干群关系紧张　　c. 经济纠纷增加
　　d. 居民收入差距过大　e. 人际关系紧张　　f. 社会风气
　　g. 腐败　　　　　　h. 就业问题　　　　i. 国有企业改革
　　j. 征地拆迁　　　　k. 农民负担过重　　l. 老百姓权益没有保障
　　m. 社会保障不健全　n. 自然灾害　　　　o. 重大事故
　　其他（请注明）_____

W10. 您认为，在未来十年内，中国是否会陷入不稳定局面？（限选一项）
　　（01）□社会维持较高的和谐稳定
　　（02）□保持基本稳定
　　（03）□出现局部的动荡和不安，但不会影响全国局势
　　（04）□受内外部不安因素的持续干扰，出现全国性的严重动荡和不安
　　（05）□说不清

W11. 您认为,发展民主政治与社会稳定之间是什么关系?(限选一项)
（01）□发展民主政治是促进社会稳定的前提
（02）□发展民主政治肯定会带来社会不稳定
（03）□没有稳妥的发展民主政治会带来社会不稳定
（04）□说不清

W12. 您认为,应该如何处理社会稳定和民主政治发展的关系?(限选一项)
（01）□社会稳定是头等大事,应该优先维护社会稳定,民主政治退后
（02）□民主政治是头等大事,应该优先发展民主政治
（03）□在保持稳定的基础上,加快民主政治发展
（04）□在保证民主政治发展的基础上,保持社会稳定
（05）□二者并重,既要促进民主政治发展,又要维护社会稳定
（06）□不清楚

W13. 您认为,党有能力处理好发展民主政治与保持社会稳定之间的关系吗?(限选一项)
（01）□完全有能力　　（02）□没有能力　　（03）□说不清

W14. 您的印象中,您所在的区域发生过因发展民主而导致社会不稳定的情况吗?(限选一项)
（01）□有,经常发生　　　　（02）□没有发生过
（03）□我不了解这个情况　　（04）□说不清

W15. 您认为,当前发展民主政治,最大的障碍是什么?(限选一项)
（01）□社会稳定形势不容乐观,没有精力去推动民主政治发展
（02）□发展经济是第一要务,没有精力去推动民主政治发展
（03）□群众的民主素质不适合
（04）□推动民主政治发展的政策不合适
（05）□不清楚
（06）□其他（请写明）_____

W16. 您认为,当前维护社会稳定,最大的障碍是什么?(限选一项)
　　　(01)□利益分配不公　　　　(02)□官员腐败
　　　(03)□暴力犯罪　　　　　　(04)□群众自主意识日益增强
　　　(05)□社会保障体系不健全　 (06)□其他

W17. 您赞同"发展民主政治与保持社会稳定两手都要硬"的观点吗?
　　　(01)□赞同　　　(02)□不赞同　　　(03)□说不清

附件二

苏州现代化过程中影响政治稳定因素的调查问卷

政治发展与政治稳定二者之间有着紧密的关系，因而一直是政治学关注的热门话题，也是现代化进程中不可忽视的焦点问题。苏州作为发达地区，在以往的现代化进程中政治发展对苏州实现"两个率先"起着极为重要的作用，总结苏州在现代化进程中推进政治发展，实现政治稳定的经验，在全省乃至全国都有一定的示范和导向作用。了解本地区的现实状况，倾听大家的真实意见，对于我们总结经验具有十分重要的意义。本问卷采取无记名方式。衷心感谢您的支持和参与。谢谢！

1. 你认为当前社会政治稳定状况是
   （1）好　（　）
   （2）较好（　）
   （3）较差（　）
   （4）很差（　）

2. 你认为当前影响社会政治稳定的主要因素是（选三项）
   （1）腐败问题严重（　）
   （2）收入差距过大（　）
   （3）经济政策波动（　）
   （4）干群关系紧张（　）
   （5）社会诚信缺失（　）
   （6）民主法制欠缺（　）

（7）环境危机凸现（　）

　　（8）思想工作薄弱（　）

3. 你认为反腐败的有效途径是

　　（1）加大制度建设（　）

　　（2）加大教育力度（　）

　　（3）加大惩处力度（　）

　　（4）加强惩防体系建设（　）

4. 你认为制度反腐中最应建立的制度是

　　（1）财产公示制度（　）

　　（2）阳光分配制度（　）

　　（3）新闻监督制度（　）

　　（4）党内监督制度（　）

　　（5）遗产税征收制度（　）

5. 你认为当前收入分配存在的最主要问题是

　　（1）城乡差距过大（　）

　　（2）地区差距过大（　）

　　（3）阶层差距过大（　）

　　（4）人群差距过大（　）

6. 你认为当前干群关系的状况是

　　（1）好（　）

　　（2）较好（　）

　　（3）较差（　）

　　（4）很差（　）

7. 你认为当前影响干群关系的最主要原因是

　　（1）利益矛盾突出（　）

　　（2）政策落实不到位（　）

　　（3）公平正义缺失（　）

　　（4）干部作风不正（　）

8. 你认为当前社会诚信状况是

　（1）好（　）

　（2）较好（　）

　（3）较差（　）

　（4）很差（　）

9. 你认为当前社会诚信要突出解决的问题是

　（1）政府诚信（　）

　（2）企业诚信（　）

　（3）公民诚信（　）

　（4）社会诚信（　）

10. 你认为解决信任危机的最主要路径是

　（1）思想教育（　）

　（2）道德约束（　）

　（3）法治建设（　）

　（4）奖惩结合（　）

11. 你认为当前民主法治建设的状况是

　（1）好（　）

　（2）较好（　）

　（3）较差（　）

　（4）很差（　）

12. 你认为民主政治建设的重点是

　（1）党内民主（　）

　（2）人民民主（　）

　（3）基层民主（　）

　（4）社会民主（　）

13. 你认为推进法治建设最重要的是

　（1）增强全民法制意识（　）

　（2）完善我国的法律体系（　）

(3) 解决部门立法（　）

(4) 严格执法（　）

(5) 司法公正（　）

14. 你认为当前影响社会和谐的最主要因素是

(1) 房价过高（　）

(2) 物价涨幅过大（　）

(3) 征地拆迁（　）

(4) 环境危机（　）

(5) 收入分配不公（　）

(6) 腐败严重（　）

15. 你认为当前环境危机对政治社会稳定带来严重影响最大的是

(1) 全球变暖（　）

(2) 水资源污染（　）

(3) 空气污染物超标（　）

(4) 土地资源供需矛盾（　）

(5) 社会治安环境恶劣（　）

16. 你认为当前道德建设的状况是

(1) 好（　）

(2) 较好（　）

(3) 较差（　）

(4) 很差（　）

17. 你认为转型时期道德建设的最主要路径是

(1) 加强教育增强道德意识（　）

(2) 加强社会主义核心价值体系建设（　）

(3) 强化道德模范引领（　）

(4) 完善道德建设法制（　）

18. 你认为目前在价值导向方面的最突出问题是

(1) 一切向钱看（　）

（2）权力和官本位（ ）

（3）主流价值观边缘化（ ）

（4）西方价值观泛滥（ ）

19. 你认为当前维护社会政治稳定，推进民主政治建设的最主要任务是

（1）推进社会公平正义（ ）

（2）坚决惩治腐败（ ）

（3）以德治国（ ）

（4）建设法治国家（ ）

（5）坚持执政为民（ ）

20. 你对当前维护社会稳定有何建议？

政治发展与政治稳定二者之间有着紧密的关系，是现代化进程中不可忽视的焦点问题。作为发达地区的苏州，在以往的现代化进程中，政治发展对实现"两个率先"起着极为重要的作用。总结苏州现代化进程中推进政治发展，实现政治稳定的经验，在全省乃至全国都有一定的示范和导向作用。为了了解本地区的现实状况，倾听广大干部的真实声音，我们于2012年上半年，分别对我市县处级干部（第29期县处班学员）和正科级干部（第28期正科级公务员班学员）进行了问卷调查。本次调研活动，共收回有效问卷156份，其中县处级干部81份，正科级干部75份。调查结果如下：

问题	内容		班级			
	选项		县处班		正科班	
			人数	比重(%)	人数	比重(%)
1. 当前社会政治稳定状况	A. 好		11	13.6	25	33.3
	B. 较好		56	69.1	46	61.3
	C. 较差		11	13.6	4	5.3
	D. 很差		3	3.7	0	0

续表

问题	内容 选项	班级 县处班 人数	县处班 比重(%)	正科班 人数	正科班 比重(%)
2. 当前影响社会政治稳定的主要因素（选三项）	A. 腐败问题严重	37	45.7	38	50.7
	B. 收入差距过大	65	80.2	60	80.0
	C. 经济政策波动	16	19.8	15	20.0
	D. 干群关系紧张	30	37.0	24	32.0
	E. 社会诚信缺失	66	81.5	58	77.3
	F. 民主法制欠缺	23	28.4	24	32.0
	G. 环境危机凸现	9	11.1	17	22.7
	M. 思想工作薄弱	12	14.8	10	13.3
3. 反腐败的有效途径	A. 加大制度建设	44	54.3	40	53.3
	B. 加大教育力度	16	19.8	11	14.7
	C. 加大惩处力度	43	53.1	41	54.7
	D. 加强惩防体系建设	38	46.9	44	58.7
4. 制度反腐中最应建立的制度	A. 财产公示制度	44	54.3	29	38.7
	B. 阳光分配制度	38	46.9	40	53.3
	C. 新闻监督制度	16	19.8	20	26.7
	D. 党内监督制度	18	22.2	24	32.0
	E. 遗产征收制度	6	7.4	4	5.3
5. 当前收入分配存在的最主要问题	A. 城乡差距过大	13	16.0	18	24.0
	B. 地区差距过大	11	13.6	16	21.3
	C. 阶层差距过大	61	75.3	50	66.7
	D. 人群差距过大	18	22.2	15	20.0
6. 当前干群关系的状况	A. 好	2	2.5	6	8.0
	B. 较好	30	37	34	45.3
	C. 较差	44	54.3	31	41.3
	D. 很差	5	6.2	4	5.3
7. 当前影响干群关系的最主要原因	A. 利益矛盾突出	37	46.7	41	54.7
	B. 政策落实不到位	7	8.6	13	17.3
	C. 公平正义缺失	49	60.5	41	54.7
	D. 干部作风不正	18	22.2	11	14.7

附件二 苏州现代化过程中影响政治稳定因素的调查问卷

续表

内容		班级			
问题	选项	县处班		正科班	
		人数	比重(%)	人数	比重(%)
8. 当前社会诚信状况	A. 好	0	0	2	2.7
	B. 较好	9	11.1	22	29.3
	C. 较差	58	71.6	48	64.0
	D. 很差	14	17.3	3	4.0
9. 当前社会诚信要突出解决的问题	A. 政府诚信	45	55.5	33	44.0
	B. 企业诚信	12	14.8	15	20.0
	C. 公民诚信	16	19.6	13	17.3
	D. 社会诚信	51	63.0	51	68.0
10. 解决信任危机的最主要路径	A. 思想教育	11	13.6	7	9.3
	B. 道德约束	37	45.7	26	34.7
	C. 法治建设	57	70.4	52	69.3
	D. 奖惩结合	16	19.6	18	24.0
11. 当前民主法治建设的状况	A. 好	3	3.7	4	5.3
	B. 较好	52	64.2	55	73.3
	C. 较差	22	27.2	14	18.7
	D. 很差	4	4.9	2	2.7
12. 民主政治建设的重点	A. 党内民主	45	55.5	24	32.0
	B. 人民民主	17	21.0	25	33.3
	C. 基层民主	12	14.8	14	18.7
	D. 社会民主	33	40.7	32	42.7
13. 推进法治建设最重要的是	A. 增强全民法制意识	38	46.9	25	33.3
	B. 完善我国的法律体系	22	27.2	30	40.0
	C. 解决部门立法	6	7.4	5	6.7
	D. 严格执法	32	39.5	29	38.7
	E. 司法公正	34	42.0	37	49.3
14. 当前影响社会和谐的最主要因素	A. 房价过高	9	11.1	12	16.0
	B. 物价涨幅过大	17	21.0	20	26.7
	C. 征地拆迁	15	18.5	12	16.0
	D. 环境危机	15	18.5	22	29.3
	E. 收入分配不公	62	76.5	59	78.7
	F. 腐败严重	23	28.4	23	30.7

续表

问题	选项	县处班 人数	县处班 比重(%)	正科班 人数	正科班 比重(%)
15. 当前环境危机对政治社会稳定带来严重影响最大的是	A. 全球变暖	10	12.3	18	24.0
	B. 水资源污染	33	3.7	26	34.7
	C. 空气污染物超标	20	24.7	24	32.0
	D. 土地资源供需矛盾	20	24.7	22	29.3
	E. 社会治安环境恶劣	33	40.7	26	34.7
16. 当前道德建设的状况	A. 好	0	0	4	5.3
	B. 较好	21	25.9	38	50.7
	C. 较差	51	63.0	29	38.7
	D. 很差	9	11.1	4	5.3
17. 转型时期道德建设的最主要路径	A. 加强教育增强道德意识	20	24.7	19	25.3
	B. 加强社会主义核心价值体系建设	47	58.0	42	56.0
	C. 强化道德模范引领	18	22.2	17	22.7
	D. 完善道德建设法制化	25	30.9	35	46.7
18. 目前在价值导向方面的最突出问题	A. 一切向钱看	36	44.4	29	38.7
	B. 权力和官本位	24	29.6	31	41.3
	C. 主流价值观边缘化	36	44.4	35	46.7
	D. 西方价值观泛滥	5	6.2	5	6.7
19. 当前维护社会政治稳定，推进民主政治建设的最主要任务	A. 推进社会公平正义	57	70.4	44	58.7
	B. 坚决惩治腐败	21	25.9	21	28.0
	C. 以德治国	12	14.8	6	8.0
	D. 建设法治国家	29	35.8	36	48.0
	E. 坚持执政为民	26	32.1	24	32.0

附件三

苏北现代化转型中的政治发展与政治稳定
——以淮安为例

当前，淮安和苏北其他省辖市一样，正处于从全面建设更高水平小康社会向开启现代化进程中迈进。政治发展与政治稳定对于淮安现代化建设的重要性不言而喻。反之，区域现代化建设也将对政治发展与政治稳定有重要推动作用。研究淮安现代化进程中的政治发展与政治稳定，对于了解整个苏北的政治发展与政治稳定，有着典型的借鉴意义。并将对实践中的民主政治发展起指导作用。同时也是对党的十八大报告所提出的政治体制改革的具体落实。

为了深入了解淮安政治发展与政治稳定的基本状况，梳理过往历史，总结基本经验，澄清潜在问题，厘清发展思路，淮安市委党校组织课题组，按照江苏省委党校课题组的总体部署，分别邀请了来自一县一区的各50名受访者。这100位受访者中，包括县处级官员20名；乡科级官员40名；社区及村组工作人员40名。然后将"江苏现代化进程中民主政治发展与政治稳定关系"课题组设计的调研问卷下发给受访者，并请受访者以无记名方式填写问卷。问卷采取集中独立无记名回答形式。共收回有效问卷100份。淮安市委党校课题组还赴淮安市信访局和淮安市清河区政法委员会就信访和社会稳定情况开展了调研。结合问卷和调研情况分析，课题组认为，淮安市在政治发展和政治稳定方面，取得了显著的成绩，但存在的问题不容忽视。同时，就区域现代化的要求而言，政治发展的任务也很繁重。

一 淮安现代化进程中民主政治发展与政治稳定的成绩

淮安地处苏北腹地，在历史上是重要的漕运中心和盐业中心。新中国成立后至改革开放前这一时期，淮安与全国其他所有地区一样，人民当家做了主人，社会主义公有制经济制度和社会主义政治制度得以全面确立。但在对社会主义道路的探索中，运动不断，因而，这一时期政治发展的成果不够巩固，政治稳定局面时有反复。改革开放后，随着党和国家工作重心转移到经济工作上来，政治体制也相应作了调整。淮安从行署、地区改为地级市，下辖县级行政区域调整为八个。在国家的统一部署下，各种机制体制改革也经历了几轮。改革开放初期的八九十年代，淮安政治发展与政治稳定的显著特点是：在改革开放的启动过程中，农业传统悠久，农业积淀深厚，小农生产者思维模式常阻滞改革与发展，上访现象较为普遍，影响政治稳定的因素长期存在。

经过多年坚持不懈的努力，淮安经济社会发展步入了快车道。当前，淮安正处于加速建设全面小康和向基本现代化迈进阶段。与之相应地，政治发展与政治稳定也取得了一定的成绩。

（一）对民主政治的认同感较强

这一认同感包括两方面。一是对政治发展价值的认同；二是对政治运行机制的认同。以问题2为例，题干为"您认为，民主政治建设对江苏'两个率先'有作用吗"。选项依次为"必不可少、可有可无、没有、说不清"。100份问卷都选择了必不可少。显示出受访者对民主政治作用的认同。问题16题干为"您认为，发展民主政治与社会稳定之间是什么关系"。选项依次为"发展民主政治是促进社会稳定的前提、发展民主政治肯定带来社会不稳、发展民主政治不稳妥会带来社会不稳定、说不清"。75%受访者选择选项一；23%选择选项三；2%选择选项四（见图1）。也就是说，相当多数人认为，要靠发展民主政治来解决社会稳定，民主政治的发展对社会政治稳定具有推动作用。部分人认为，要积极发展民主政治，否则会导致不稳定。持此观点可能是认识到民主政治发展是把双刃剑，具有双重性。值得关注的是，没有人赞同"发展民主政治肯定带来社会不稳"这一命题。这从反面印证了受访者对民主政治发展的认同。考虑到问卷设计中选择选项的唯一性，受访者可能对选项一和选项三都会赞同，但只能割舍一个。因而，受访者对民主政治价值的认同度可能比问卷所体现的比例要更高。

（取自 W16）

说不清 2%
发展民主政治不稳妥会带来社会不稳定 75%
发展民主政治是促进社会稳定的前提 23%
发展民主政治肯定带来社会不稳 0%

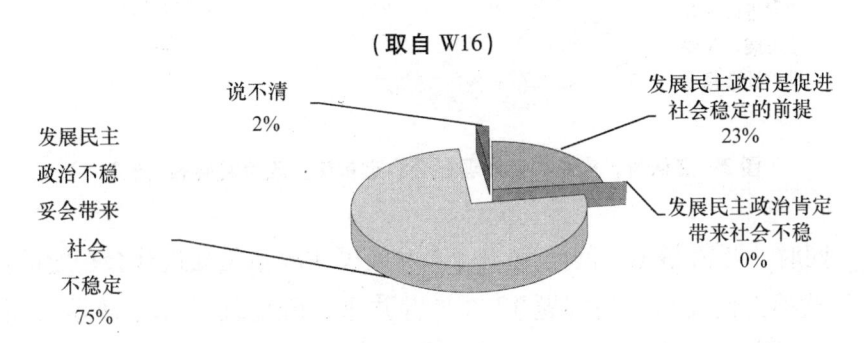

图1 您认为，发展民主政治与社会稳定之间是什么关系

问题17题干为"您认为，应该如何处理社会稳定和民主政治发展的关系"。选项依次为"社会稳定是头等大事，应该优先维护社会稳定，民主政治退后；民主政治是头等大事，应该优先发展民主政治；在保持稳定的基础上，加快民主政治发展；在保证民主政治发展的基础上，保持社会稳定；二者并重，既要促进民主政治发展，又要维护社会稳定；不清楚"。72%赞成第五选项；20%选择第四选项；选择第三和第六选项的分别为4%（见图2）。在选项增多的条件下，显然选择的难度加大了。但可以看出，赞成民主政治发展与社会稳定二者并重的人数仍然占比超过70%。显示出受访者对发展民主政治较为明显的偏好。没有人认同社会稳定应居于民主政治发展之先,当然也没有人认同盲目发展民主政治这一观点。

(取自 W17)

社会稳定是头等大事,应该优先维护社会稳定,民主政治退后 0%

不清楚 4%

在保持稳定的基础上,加快民主政治发展 4%

民主政治是头等大事,应该优先发展民主政治 0%

二者并重,既要促进民主政治发展,又要维护社会稳定 72%

在保证民主政治发展的基础上,保持社会稳定 20%

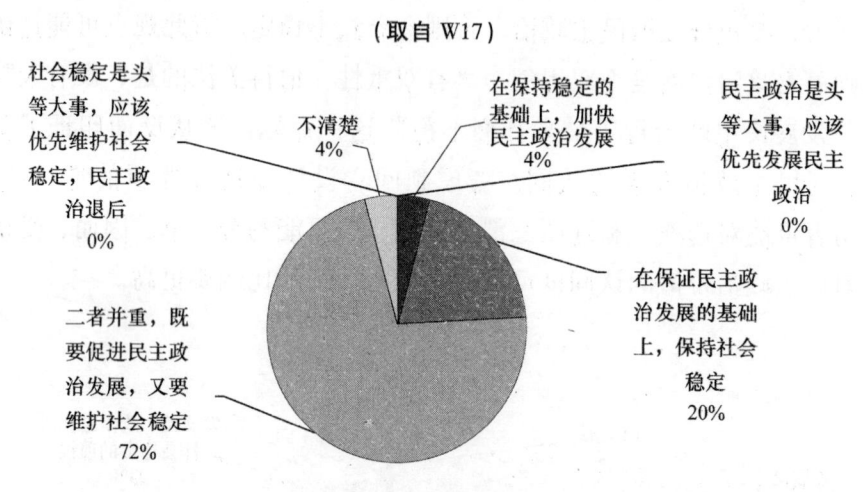

图2　您认为,应该如何处理社会稳定和民主政治发展的关系?

同时,还需指出,问题16中,"发展民主政治是促进社会稳定的前提"选项占比较高,与问题17"二者并重,既要促进民主政治发展,又要维护社会稳定"这一选项占比较高,并不矛盾。因为,前者强调的是发展民主政治与社会稳定之间的相互关系,考察的是深层次的功能问题和因果关系问题。后者强调的是发展民主政治与保持社会稳定之间的次序问题,考察的是实施步骤和实施策略。对问题17此选项的偏好,在问题23中了同样得到了体现。题干"您赞同'发展民主政治与保持社会稳定两手都要硬'的观点吗"下设三个选项"赞同、不赞同、说不清"。其实质也是要考察两者的次序问题。所有人都选择了"赞同"。体现了较为一致的集中度。

问题25题干为"您认为,维护稳定最根本的要做什么"。选项依次为"改革信访制度、拓展公民参与渠道;加强军队的力量;发展经济;进行政治体制改革,尤其是转变政府职能;健全收入分配制度;加强公民社会建设;不清楚"。在选项为七个的条件下,仍有高达 90% 的人选择了第四选项（见图 3），显示对政治体制的信心和愿望。体现出对政治运行体制的认同。因为，在希望进行政治体制改革的愿望之下，隐含着这样的逻辑：政治体制存在着改革的必要性和发展空间；包括转变政府职能在内的政治体制改革将有益于政治稳定。

（取自 W25）

健全收入分配制度 4%
加强公民社会建设 1%
发展经济 1%
改革信访制度、拓展公民参与渠道 4%
进行政治体制改革，尤其是转变政府职能 90%

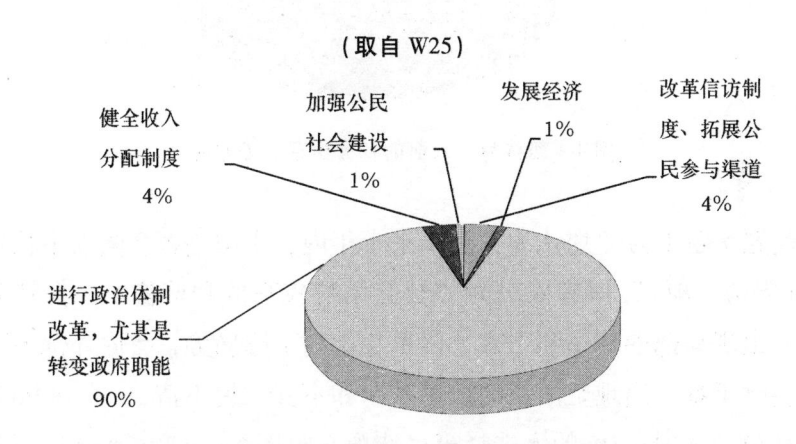

图 3　您认为，维护稳定最根本的要做什么？

（二）对政治稳定的信心较强

对问卷反馈出的信息归纳表明，受访者对政治稳定的信心包括三个方面。一是对当前政治稳定的信心；二是对未来政治稳定的信心；三是对保持政治稳定的方法和手段的信心。

问题10题干为"您认为，当前的社会稳定形势如何"。选项依次为"很好、比较好、一般、不太好、很不好、说不清"。选择"比较好"的占75%；认为"一般"的占23%；认为"说不清"的占2%。没有人对社会稳定形势持绝对肯定或绝对否定态度（见图4）。换言之，对社会稳定状况持积极和相对积极的比例达到了98%。从而体现受访者对当地目前政治稳定的局面相当乐观。

(取自 W10)

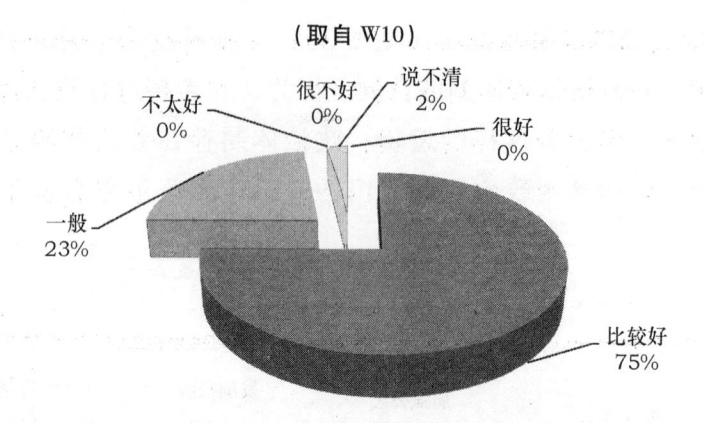

图4 您认为，当前的社会稳定形势如何

问题5题干为"您认为，在未来十年内，中国是否会陷入不稳定局面？（限选一项）"回答依次为"社会维持较高的和谐稳定；保持基本稳定；出现局部的动荡和不安，但不会影响全国局势；受内外部不安因素的持续干扰，出现全国性的严重动荡和不安；说不清"。高达90%的人选择第一选项；8%的人选择第二选项（见图5）。考虑到首选项和次选项都是对社会政治稳定持肯定和认同的态度，只是程度不同而已，因而，结合上一题干所考察出的情况，可以说，受访者所代表的阶层对当前和长远的社会稳定的信心较强。

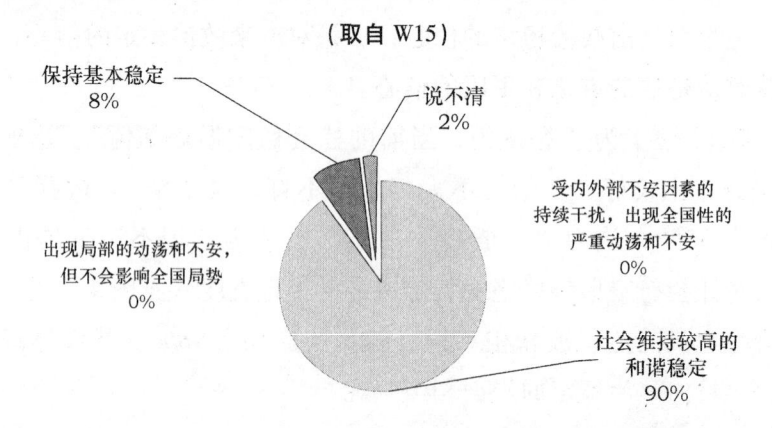

(取自 W15)

图5 您认为，在未来十年内，中国是否会陷入不稳定局面

固然，此题积极选项占比较高，也有可能受到选项三和选项四的影响。此两选项中使用了"局部动荡"、"严重动荡"这一类对社会政治稳定有严格排斥作用的语汇。而实际上，社会政治稳定可能表现形态有多种，稳定程度也有不同。动荡并不是政治稳定的相反状态。因而有可能使得对社会政治稳定持中间态度的受访者倾向于更积极的选项。

在对当前维护稳定的手段评估问题上（问题24），95%的人选择了"比较有效"（见图6）。表明受访者群体总体上对稳定的方法运用上持比较明确的肯定态度。这点可能与人们通常的感受略有区别。按照网络媒体通常所揭示的，有相当多数地区维护社会稳定的手段方法缺乏长期效用，一些常规的保持稳定的手段方法难以长期奏效。本课题组研究认为，淮安受访者对维护稳定的手段是否有效这点上评价较高，可能与淮安在保持社会稳定方面所付出的努力有因果关系。已如前述，在改革开放刚启动直至21世纪初几年，淮安都是省里的信访大市。但近几年，淮安经济社会发展取得了长足进步，在促进民生、推动公平上迈了几个大步，一些创新社会管理的举措扎实有效。将要在下面具体阐述的一些促进社会稳定、保障人民权益的手段方法已初步上升为政府的行为模式。因而，社会稳定呈良好局面。

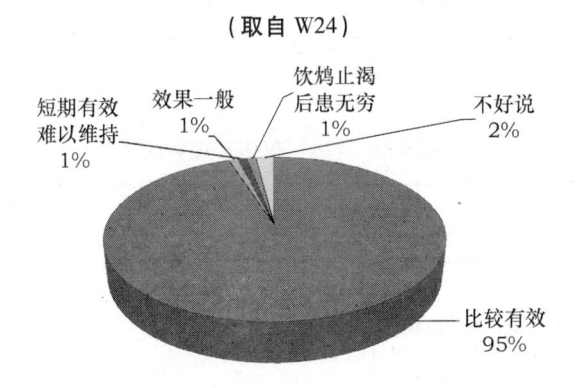

（取自 W24）

短期有效难以维持 1%
效果一般 1%
饮鸩止渴后患无穷 1%
不好说 2%
比较有效 95%

图6 您认为，当前维护社会稳定的手段是否有效

（三）政治稳定举措卓有成效

前述已表明，淮安受访者对政治稳定的认同度较高，其部分归因于淮安为维护社会稳定所采取的举措。同时，这些举措也是政治稳定的重要成就，是淮安政治稳定不同于他处的重要特点。

（1）运用现代科技手段建立了"126"信访管理模式，信访工作全省领先。

曾几何时，苏北的淮安等地与"信访大市""息访难市"画上了等号。但近年来，淮安通过构建"126"信访管理模式，提升了信访管理水平，为全省创新信访管理提供了"淮安样本"。

淮安"126"信访管理模式包括一个系统、两个中心、六项功能（见表1）。

①一个系统。2007年初，淮安市认真贯彻落实胡锦涛同志关于信访信息化建设的重要指示，在全国率先自主研发了集"投诉、查询、服务、监督、分析、管理"等功能于一体的"阳光信访"综合服务管理系统。把"阳光信访"系统作为"126"信访管理模式建设的中枢，通过党委、政府强力推动，在全市各级各部门广泛布设工作终端、建设系统网络，实现了"阳光信访"系统网络全覆盖。横向联通各级政府400多个职能部门，纵向覆盖9个县（区）、147个乡镇（街道）。

表1　　　　　　　　淮安市"126"信访管理模式

一个系统	两个中心	六项功能
"阳光信访"综合服务管理系统（实现对全市9个县/区、147个乡镇/街道、400多个职能部门的全覆盖）	实体中心：市、县、乡三级信访联合接待中心 虚拟中心：电子网络信访服务中心	全方位受理投诉
		全方位便民查询
		全方位主动反馈
		全方位征集建议
		全方位了解民情
		全方位监督管理

②两个中心。在建好信访联合接访中心基础上，淮安市打造了电子网络信访服务中心。一方面，巩固提高传统的联合接访中心。不断发挥接访中心在信访工作中的重要作用。市、县、乡三级信访联合接访中心依托"阳光信访"系统和网络，全面整合基层信访工作资源，为信访群众提供"一条龙"、"一站式"服务。各级信访联合接访中心成为了群众信访的"首选地"、问题处理的"终结地"。另一方面，全面打造现代的电子网络信访服务中心。2010年底，淮安市创立了全国首个电子网络信访服务中心，利用现代电子技术搭建市民与政府沟通渠道，以弥补传统联合接访中心的不足，实现信访的无缝隙覆盖。

③六项功能。淮安市信访管理部门经过认真研究和梳理，将信访管理和信访服务分解为六个部分，并对应地在电子化系统上设立了投诉、查询、反馈、人民建议、分析、监督六个功能服务平台。从而构建了淮安市从信访管理到信访服务、从实体平台到虚拟平台、从单一治理到综合治理的立体信访工作模式。

淮安市通过推动"126"信访管理模式建设，信访工作取得了明显成效，主要体现在最大限度地畅通了信访渠道，最大限度地方便了群众信访，最大限度地促进了事要解决，最大限度地提高了工作效率。①"126"信访管理模式还得到了中央新闻媒体的广泛关注，《人民日报》、新华社《国内动态清样》、《新华每日电讯》、《半月谈》、《新闻联播》等先后报道了淮安改革创新信访工作的做法。此外，淮安市"126"信访管理模式还荣获2011年中国十大社会管理创新奖，2012年社会管理十佳案例等殊荣。2012年3月在淮安召开的江苏省信访工作会议上，淮安市"126"信访管理模式得到了省委常委、省委秘书长樊金龙与会代表的赞赏，并被会议授予2011年全省信访工作特等奖。

（2）为降低社会风险探索出"稳评模式"，社会稳定评估工作全

---

① 邱金义：《淮安：构建"信、访、网、电"四位一体信访模式》，《中国纪检监察报》2011年8月13日。

省率先。

　　创新社会管理并不是淮安市的应景之作。早在2006年，出于当时的现实原因，淮安市就在全省率先探索了"重大事项社会稳定风险评估"工作法。七年来，淮安市坚持不断完善工作机制，已建立起了具有可操作性、实效性和长效性的重大事项社会稳定风险评估制度，形成了确定评估事项、收集社情民意、汇总分析论证、落实维稳措施、全程跟踪评估"五步工作法"，实现了"稳评"工作的模式化和流程化（见图7），从源头上预防和化解了部分社会矛盾。迄今共评估重大事项549件，覆盖率占全市重大事项的80%以上。2007年至今，全市未发生一起重大群体性事件。2009年10月，在淮安市召开的全省重大事项社会稳定风险评估工作座谈会上，江苏省政法委副书记张新民同志将淮安市的成功经验称为"淮安模式"，要求在全省推广。[1] 这一做法荣获了2010年江苏省政法工作"创新一等奖"。这些成效和获得的赞誉实质上也是对淮安社会政治稳定工作的肯定。

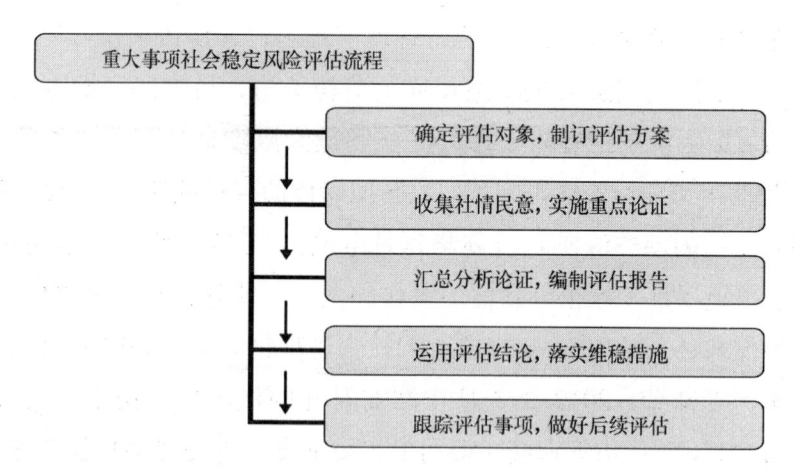

图7　社会稳定风险评估流程和内容

---

[1] 张玉磊、徐贵权：《重大事项社会稳定风险评估制度研究——"淮安模式"的经验与启示》，《中国人民公安大学学报》（社会科学版）2010年第3期。

推进对重大决策、项目等重大事项社会稳定风险评估制度的全覆盖，是新形势下加强和创新社会管理工作的重要内容。对淮安社会稳定及至政治稳定起到了重要作用。"淮安模式"改变了传统的事后被动处理的维稳工作方式，实现了事前主动预防，完成了对社会稳定问题由粗放式治理到集约式治理的转变，充分体现了基层基础、源头治理的现代公共治理理念，同时将决策科学化、民主化提升到一个新的水平。[①]

（3）化整合资源，在苏北率先开展网格化管理试点。

目前，在国内一些条件较好的大型城市，网格化管理因其社会管理的有效性而日益受到重视和应用。所谓网格化管理，是以街道、社区为基础，在管理辖区内，以1万平方米左右区域为基准划分单元网格，建立城市网格化管理信息平台，对城市部件、事件实施管理，实现市、区、专业处置部门和网格监督员四级联动的管理模式与信息资源共享系统。清河区是淮安市的中心区域，既属老城区，又是市政府驻在区，对创新社会管理方式手段的需求较高，创新社会管理的条件较好。淮安市以该区为试点，通过建设综合性社会管理中心和网格化管理系统，在全省同类区域率先开展了网格化社会管理（见表2）。

①整合管理载体。社会管理面广量大，事无巨细，需要各级党政部门动员社会力量共同进行，从而也导致资源和力量的分散。为克服此矛盾，就要整合管理力量和管理资源。淮安市采取的主要举措之一就是在清河区试点建设统一的管理载体。淮安市清河区投资建设了清河区社会管理中心。该中心是集矛盾调处、法律援助、社区矫正、信访接待等功能融为一体的现代化的综合性社会管理中心，是淮安市转变政府职能、整合社会管理资源、提升社会管理科学化水平，深入推进社会矛盾纠纷化解，促进社会和谐稳定的重要举措。这是全省首个进行资源整合、优化配置的社会管理中心。

[①] 《社会稳定风险评估的"淮安模式"》，《领导决策信息》2011年第32期。

表2　　　　　　　　淮安市清河区社会管理体制机制

社会管理平台功能设置	社会管理平台：社会管理中心	信息系统社会管理系统：网格化服务	网格层次	网格名称
矛盾调处			第一级网格	区社会服务管理中心（社会管理平台）
法律援助			第二级网格	街道
信访接待			第三级网格	社区网格服务管理办公室
阳光清河			第四级网格	居民小区的网格服务组
维权中心			第五级网格	楼幢
其他功能平台				

②引入现代科技。在市里的领导下，淮安市清河区正利用高科技建设社区网格化管理系统，努力实现社会管理无缝化、即时化。具体体现为，利用现代通信技术建设社会管理网格化系统，将全区分为5个网格管理层次。再将15个试点社区划分为75个网格，每个网格管理组配备2名专职队员，2名以上兼职队员，并配备经公开招聘的社管协管员及治安重点地区流动人口协管员。通过这一管理系统，全区相关部门、所有街道（社区）的任一网络端口，都可以实时查看到自己需要的信息。民政、计生、劳动保障等部门也都可以综合利用该信息系统开展工作，极大地便利了社会管理各项工作的开展。为社会稳定提供了可靠的技术保障，可行的载体保障。

此外，淮安市在创新社会管理、促进社会政治稳定过程中还探索出了"警民协作会"，"阳光淮安、和谐城管"，"帮扶信访老户创业"等工作机制，赢得了群众的赞誉和上级的认可。凡此种种，展现了淮安政治稳定的成绩。

二　淮安现代化进程中民主政治发展与政治稳定存在的不足及其原因

从问卷和调研情况分析，淮安民主政治发展与政治稳定在取得较大成就同时，也存在不足之处。

（一）基层民主权利的实施不够具体化，政治参与程度不够

问卷中问题4至问题9侧重考察基层民主的具体运行落实情况。众所周知，社会主义的实质是人民当家作主，人民代表大会制度作为我国根本政治制度保证了人民在最终意义上是国家的主人。但形式上的权利并不必然意味着具体的权利落实。在实践中民主权利的行使往往有可能流于形式，或在程序上受到限制。

对受访者问题4的回答进行的数据分析表明，对此类问题的回答相对来说是偏负面的（见图8）。而且对民主权利的行使走向了形式主义这类选项的集中度较高。

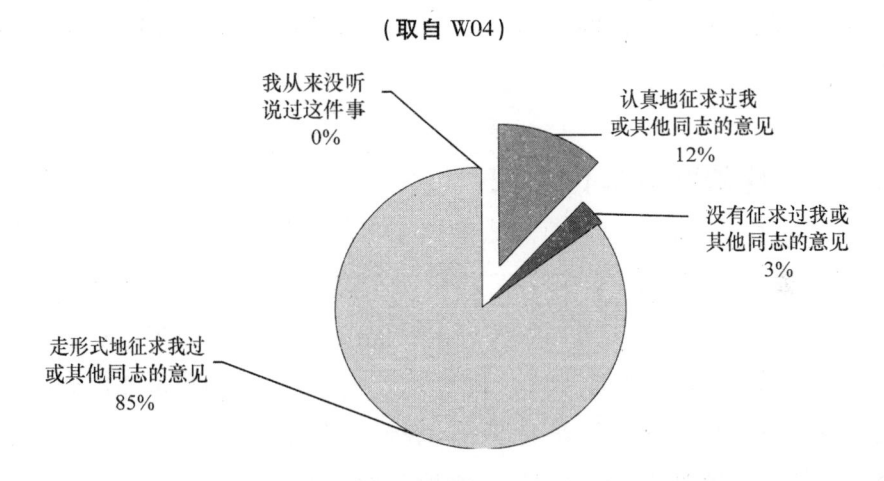

（取自 W04）

我从来没听说过这件事 0%
认真地征求过我或其他同志的意见 12%
没有征求过我或其他同志的意见 3%
走形式地征求我过或其他同志的意见 85%

图8　您所在的单位在作出一些决策的时候，征求过您或其他同志的意见吗

再如，问题5"您所在单位实行过政务或村务、居务公开吗"。85%的人选择"形式上做过"；15%选择"认真做过"。没有人选择"从来没做过"或"我没关心这件事"。我们认为，受访者均参与过各类事务公开的活动，而且都对此类活动关心。从而表明，人们对行使民主权利是关注和重视的，但这类基层民主政治运动大多流于形式。

问题7中,"您认为人民群众的'选择权、参与权、知情权、表达权、监督权'在实践中落实情况怎样",尽管有五个选项,即"很好;部分权利行使比较好;几乎都是口号,缺乏具体制度;无法落实;不好说"。但52%的受访者选择了"几乎都是口号,缺乏具体制度";另48%选择"不好说"。无一人选择相对积极的选项一和选项二,也无一人选择完全消极的选项四,说明受访者均观察到这些权利确实在现实中曾开展过,但对其实际效果评价仍偏低。

与此相对应的是,问题8中,当被问及"当前公民的政治参与渠道是否健全、畅通"时,78%的人选择了"健全但不畅通";20%的人则说"不清楚";认为"不健全、不畅通"的人占2%;无一人认为"健全、畅通"。从而说明,形式上的民主权利与实践运行中的民主活动存在脱节现象,民主的设施虽然完备,但还没完全在实际的民主活动中充分展开。

(二)政府建设成果不容乐观

问题26"您认为,当前的法治国家、法治社会、法治政府实现程度怎样"中,六个选项依次为"比较好;部分实现;很努力但效果有限;几乎全部落空;不可能实现;不好说"。尽管回答分布在六个选项中,但可以看出,六个选项可分为两类,一类是持正面积极评价的第一选项,仅占5%。另一类是持负面消极评价的选项,可以说涵盖了95%。其中持绝对负面的占4%,极度负面的占12%(见图9)。

受访者对法治建设的主观感受与最高决策层所指出的法治建设存在的问题是基一致的。习近平在首都各界纪念现行宪法公布施行30周年大会上的讲话就指出,在包括宪法在内的法治取得成绩的同时,也存在着不足,"主要表现在:保证宪法实施的监督机制和具体制度还不健全,有法不依、执法不严、违法不究现象在一些地方和部门依然存在;关系人民群众切身利益的执法司法问题还比较突出;一些公职人员滥用职权、失职渎职、执法犯法甚至徇私枉法严重损害国家法制权威;公

(取自 W26)

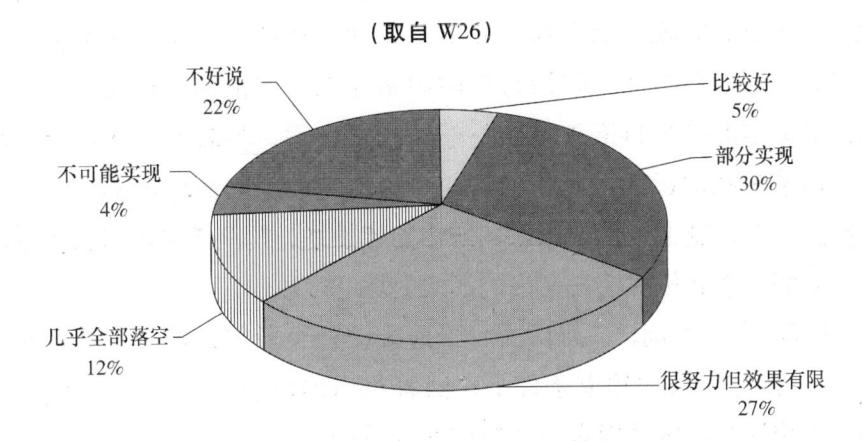

比较好 5%
部分实现 30%
很努力但效果有限 27%
几乎全部落空 12%
不可能实现 4%
不好说 22%

图 9 您认为,当前的法治国家、法治社会、法治政府实现程度怎样

民包括一些领导干部的宪法意识还有待进一步提高"①。

问题 27 中,"您认为,目前法治政府存在的主要问题是什么",选项分别为"政府的权力没有法定,权力无限;依法行政程度低,滥用权力;政府行为透明程度低;政府行为缺乏问责;相关政府行政法规欠缺;政府公职人员法律意识差"。问卷要求需同时选三项,并按重要程度排序。从问卷情况分析,此六个选项的重要性排序分布较为平均,没有明显的集中度。既没有特别高的,也没有特别低的比例,受访者对这六个选项认知程度较为接近。也就意味着,法治政府的建设面临的挑战与问题还比较多,法治政府建设的成果还不十分突出。进一步说,此六个选项还仅仅是将政府及政府公职人员列为构成问题的因素,假使将范围放得再宽泛一点,比如,司法体制因素、立法与执法质量因素、法律背后的利益集团博弈因素等,可能对问题的回答离散性更强,更难以区别法治政府建设中存在的主要矛盾和矛盾的主要方面。

(三) 社会政治稳定的因素依然存在

前述表明,在现代化进程中,以淮安为研究对象的区域,政治稳定

---

① 《习近平在纪念现行宪法公布施行 30 周年大会上的讲话》,中国政府网 2012 - 12 - 04。

取得了成效。但政治稳定局面并不是变动不居的。对问卷的部分选项的研究表明，影响社会政治稳定的因素还在一定范围内存在。而这些因素又基本上是来自宏观体制下的结构性因素，是政治经济社会环境对政治系统施加影响而产生的，并不因地域的不同而作用不同。也就意味着，在体制上下同构、区域同构的背景下，这些因素既对其他地区产生影响，也必然对淮安在内的苏北区域产生影响。

以问题22为例，"您认为，当前维护社会稳定，最大的障碍是什么"，在限选一项的约束条件下，回答相当均匀地分布在八个选项上，显示影响社会稳定的因素还普遍存在（见图10）。

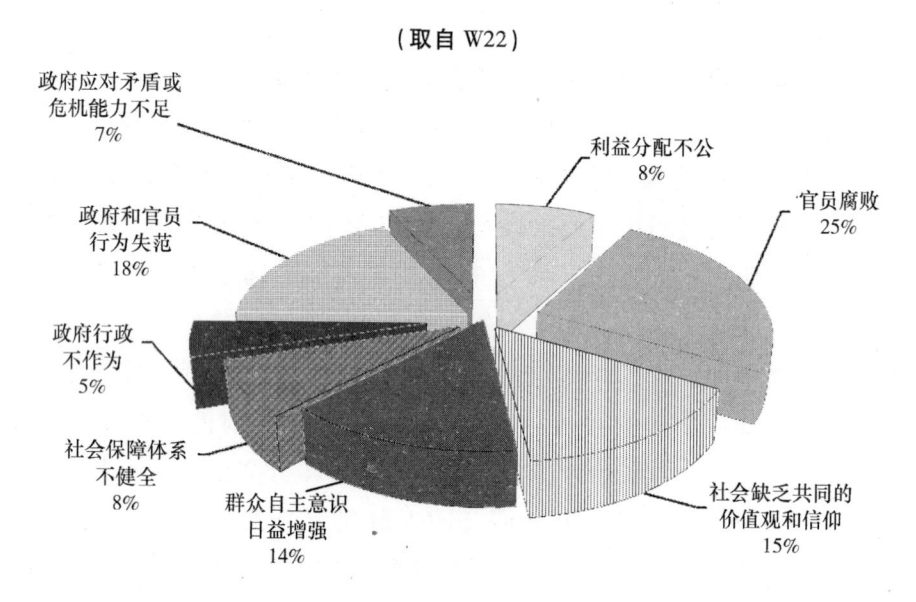

（取自 W22）

政府应对矛盾或危机能力不足 7%
政府和官员行为失范 18%
政府行政不作为 5%
社会保障体系不健全 8%
群众自主意识日益增强 14%
利益分配不公 8%
官员腐败 25%
社会缺乏共同的价值观和信仰 15%

图10　您认为，当前维护社会稳定，最大的障碍是什么

问题29"您认为，当前影响社会稳定的主要源头在哪里？"设计的目的是考察受访者对影响社会稳定的地理区域来源的判断。受访者的看法并不集中。既不集中于城市，也不特别集中于农村。而是认为城市、农村、小城镇和其他地方都可能是影响社会稳定的源头（见图11）。从而进一步证实了上一结论，即影响社会稳定的因素还普遍存在。

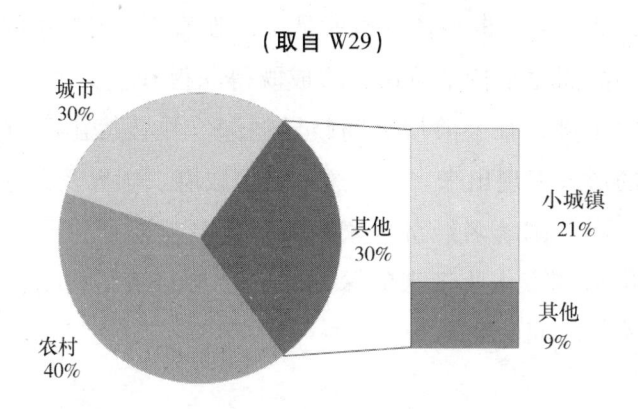

附件三 苏北现代化转型中的政治发展与政治稳定

(取自 W29)

城市 30%
农村 40%
其他 30%
小城镇 21%
其他 9%

图11 您认为,当前影响社会稳定的主要源头在哪里

导致这些问题产生的深层次原因,还是在于经济社会变革、技术变迁、人民民主素质提高和权利意识增强都对宏观层面的政治体制提出了更高的要求,而政治体制的发展进程滞后于这种要求。对于淮安等苏北地区而言,还有直接原因。首先,淮安等苏北整个区域还处于全面建设小康社会阶段,向现代化迈进的任务还很艰巨。基层政府将比较多的精力和资源投放于科学跨越发展上,目标在于在较短时间内实现发达国家用上百年才实现的现代化目标,在于在较短时间内抹平与发达地区的差距。因而,可能发展经济的措施多,改善民生的措施多,而在政治发展方面则投入较少,关注较少。导致举措不多,创新不多,实效不强。其次,传统的政治行为模式和政治文化观念时不时还在起作用,使得人们在民主政治的实际运行中,更趋向于墨守成规、因循守旧、故步自封。最后,具体到一个组织来说,基层民主要靠党内民主来促动和规范,但党内民主所要求的民主集中制相对来说原则性的要求居多,缺少细化深入可操作性的规范,因而,我们看到,基层民主的各类实践常流于形式,背离了政治发展的初衷。

而且,致力于现代化的过程本身,就隐含着催生不稳定的因素。这一过程既是财富创造过程,也是财富重新分配过程,也就是利益的重新调整与分配的过程。这一过程要求,财富创造群体和利益分配群体要不断融合,而不是不断分离。也就是说,改革与发展改革的成果要全民共享,而不能固化于特定阶层,形成既得既得利益集团。如其不然,必将导致冲突不断,社会阶层之间歧异加深。并必然在适当条件下以群体性事件的形式表现出来。对于这一点,政府、学界及舆论已形成了共识。这也正如美国著名经济学家西蒙·库兹涅茨所指出,现代化过程中的市场化和城市化所带来的深刻的社会与经济结构变化,往往会孕育群体与阶层之间的冲突。①

三 淮安市政治发展前瞻与对策性建议

虽然在过去三十多年的发展中,政治发展在中国社会变革和发展的大局中得以合理的定位,且其发展与整个社会发展保持良性的互动关系,但这并不等于中国政治发展已解决了所有问题。从整体上讲,目前还是通过既有的制度、组织和价值资源的开发来保证政治有效作用于经济和社会发展,然而,随着经济与社会发展更深入、更全面,其对提出的政治发展要求也必然会更深刻、更彻底。这种挑战迟早要来。这就要求中国的政治发展在保持政治对经济与社会发展有效性的过程中,也还应该从政治发展的自身逻辑出发,思考和部署中国政治发展的任务、目标与进程,这其中必然涉及中国政治发展中的一系列核心问题。有些问题可以用水到渠成的办法来解决,而有些问题则必须有观念、体制和机制的突破。②

政治生活的主体是个人、生活与国家。政治的有效发展,不仅要有效满足国家与社会发展的需求,而且也要满足个体发展,即人的全面

---

① 西蒙·库兹涅茨:《现代的经济增长——发现和思考》,西里尔·E. 布莱克编:《比较现代化》,上海译文出版社1996年版,第270—290页。
② 林尚立:《有效政治与大国成长——对中国三十年政治发展的反思》,《公共行政评论》2008年第1期。

发展的有效需求。可以预见，随着人与社会的进步和发展，政治建设与发展必然要更多地从人的发展的内在需要出发来规划和部署，这就要求有更为全面、深入的民主化发展进程。中国实行的是人民民主，其本质是人民当家作主。人民作主的权利要求必然会对中国的民主化提出更高的要求。从这个角度看，中国的政治发展道路依然任重道远。

基于此，对于区域而言，在顶层设计和顶层推动体制的约束条件下，推动政治发展应遵循以下原则。

（一）推动以法治为根本的区域政治治理

政治治理是国家政治主体通过权力、组织与机构的运作，创造社会秩序与经济发展的治理过程，其产品主要是权威、法律、制度、政策和措施。改革前的政治治理，主要通过权力集中所形成的政治强制来实现，因而，这种政治治理常常是单向度的作用，而且是领导者个体意志的作用。改革开放初，基于启动民主，推动改革的需要，政治治理就首先开始变革，强调法律和制度在治理中的重要性。进入90年代，随着社会主义市场经济体制的确立，中国共产党全面改变治国方略，推行依法治国，从而开始创造以法治为根本的政治治理，并力图使政治治理从权力的单一、单向作用过程，发展为依法进行的多方参与、协商与合作的治理过程。在中国，法治是一种治国方略。"法治是治国理政的基本方式。"[①] 因而，法治不仅体现为依法治国，而且体现为政党、国家与社会关系的一种理性安排，使得各自都有自己的边界和约束力量，而这种边界对于各种政治主体的职能定位和权力空间的划分都是有积极意义的。

（二）创造动态有活力的区域政治稳定

在中国的发展中，稳定与改革和发展具有同等重要的地位，因为，

---

① 《中国共产党第十八次代表大会报告》，新华网2012-11-19。

没有稳定，就没有改革，更没有发展。然而，这种稳定不是孤立的，它与改革和发展统一在一起，所以，其本质上是一个动态的稳定、是发展的稳定。政治稳定"不一定意味着政治体系的所有成分都不发生变化。它指的是相对的持续性和政治体系的一些比较基本和主要的成分，如基本的政治价值、文化和政治的基本的组织（或制宪）结构，不发生变化"。[①] 稳定主要涉及经济稳定、社会稳定和政治稳定。从稳定的大局来讲，任何一方面的不稳定，都可能造成全局的不稳定，所以，任何一方的稳定都必须以另外两方面的稳定为前提；任何一方的稳定，不仅要考虑到自身的状态，而且要考虑和适应另外两方面稳定的需要，而这一切又都必须在创造改革和发展的过程中实现。要保证政治建设与经济建设、社会发展有机统一，相互促进，以政治稳定创造经济与社会的发展和稳定。显然，这种政治稳定不是固守，而是发展；不是静态，而是动态。因为中国发展的使命要求这种政治稳定在创造发展全局稳定的同时，还要创造出党和国家的活力，创造出人民群众自主创新和发展的活力。基于活力的要求，这样的政治稳定必然是在政治能够为经济和社会发展创造基础和空间，同时经济与社会发展也能为政治创造基础和空间的良性互动中实现。这必然对政治发展提出了很高的要求。

（三）开拓制度性强、可操作程度高的党内民主发展模式

发展党内民主的重要性毋庸置疑，其价值意义和示范引领作用也毋庸论证。关键在于建设具体规范的制度举措。一是探索细化民主集中制的各类制度。民主属于政治范畴，民主集中制属于组织范畴。换言之，民主反映的是政治统治状态、政治统治规律，而民主集中制反映的是政治管理规律。邓小平曾强调说："民主集中制我们讲得太少。这个制度是最便利的制度，最合理的制度，是我们的根本制度。……我们总

[①] 格林斯坦、波尔斯比：《政治学手册精选》（下卷），商务印书馆1996年版，第155页。

有一天要找机会把这个问题表述清楚"①，表明邓小平同志更加重视的是民主集中制的细化深入问题。在现实情况里，党章关于民主集中制，只有六条原则性规定，在执行中往往呈现出一定的弹性，一般依赖于各层级主要领导的素质和自觉性。主要领导民主素质高，领导班子整体民主氛围就浓，反之，民主氛围就比较差。因此，民主集中制的执行，还需要从党内领导体制上着手，真正发挥党的代表大会作为各级权力机关的作用，并使这种作用常态化、制度化。二是推动党内民主决策和民主选举的规范性实效性。在党员社会身份复杂化的时代，参与民主决策，对于调动党员积极性，增强党员主体感，具有重要作用。因此，需要扩大党员对党内决策和党内事务的参与度。20世纪80年代以来，党内选举的改革始终围绕着差额、提名方式、投票程序展开。这些改革都是必要的。但是，如果过多强调差额比例和投票程序，而忽视了提名方式及提名背后的个人选择，竞争力度不强，那么，即使是扩大差额比例，也能够通过各种"潜规则"使之流于形式。真正的民主选举不在于差额多少，而在于能否真正选出有代表性、群众公认、确有实绩的人。党组织可以通过候选人资格界定、选举规则科学公正公开、监管到位，来保证真正优秀的人才能够成为候选人，又可使竞争规范有序。而且，目前党内选举作为一种制度体系尚未健全，与选举配套的党内职务任期、质询、罢免等制度，只不过是在小范围的试水之中，还需要有相应的宏观制度环境作支撑。也就是常说的"顶层设计"。

　　脱离宏观制度环境的优化、自上而下的推动示范、有明确时间要求的顶层设计，单纯依靠基层的摸索实践，来推动政治发展和保持政治稳定，即便取得成果，也是短暂和难以巩固的。

---

① 《邓小平年谱（1975—1997）》（下），中央文献出版社2004年版，第1351页。

附件四

启东"7·28群体性事件"分析

一 启东"7·28事件"概要

启东"7·28事件"是于2012年7月28日清晨发生在江苏省启东市的一起大规模群体性事件，并造成了较大的影响。这起事件是由江苏省南通市政府对日本王子造纸集团等企业的大型达标水排海基础设施工程触发的。当天下午，该群体性事件基本平息。

1. **事件经过**：7月28日早晨，江苏南通启东市市委、市政府门前聚集了大量的群众，阻止"南通大型达标水排海基础设施工程"在启东市的修建。数千名启东市民在市政府门前广场及附近道路集结示威，散发《告全市人民书》，并冲进市政府大楼，示威现场散落着政府公文和杂物，还有多部车辆被掀翻。武警于上午9时许抵达现场，维持现场秩序，并未采取以往群体性事件中发生的强制驱散等强制性措施，保持了相当程度的克制。在冲突过程中，启东市委书记孙建华遭到民众扒光上衣，市长徐峰被强行套上抵制王子造纸的宣传衣，但启东市领导并未下令警方采取进一步强制措施。中午，江苏省南通市人民政府新闻发言人授权发布公告称："经南通市政府研究决定，停止在启东实施南通大型达标水排海工程。"下午，冲进政府大院的上千民众全员撤出，之后当地警方封锁周边道路，抗议活动基本平息。

2. 南通市委书记丁大卫的讲话：

尊敬的启东市民朋友们：

我是南通市委书记丁大卫，我郑重告知全市人民，南通市人民政府已经研究决定，取消排海管道在启东实施。请广大市民务必相信政府的诚意，务必保持理性和冷静，务必遵守法律法规。为保护市民的人身安全，请现场集聚人员尽快离开。要高度警惕极少数别有用心的人，利用此事制造违法事端。我们相信，启东市的广大党员和人民，会倍加珍惜启东多年来来之不易的大好局面和和谐稳定的社会环境，共同把启东人民的根本利益维护好、实现好、发展好。

中共南通市委、南通市人民政府
二〇一二年七月二十八日

二 事件背景

1. 事件的缘由很简单：就是日本王子造纸在南通设立了造纸厂，但有大量污水需要排放，于是官方决定建设排污工程管道并从启东附近入海，计划建造一条110公里长的排污管道，将南通、海门、启东沿线所有污水处理后，统一排放。设计能力是每天60万吨，后来降低到每天15万吨，是为"南通大型达标水排海工程"。由于担心此举会造成环境污染并危害人体健康，当地市民强烈反对该举措，并于28日进行了大规模群体性抗议。

2. 王子造纸集团在南通设立造纸厂，包括建设达标水排海工程，经过层层审批，包括各项环评，最终是在国务院相关会议上通过的。王子造纸南通项目于2007年开工建设。

3. 王子造纸集团的基本情况及启东民众对达标水排海工程的态度。

日本王子制纸集团自1995年在中国成立上海代表处、上海东王子包装之后，在不到20年时间里发展了20多家公司。王子造纸的中国

事业目前已覆盖了造纸、加工、造林、物流、贸易等业务。据王子造纸官网资料显示，其事业基地除了广西王子丰产林有限公司外，其他几乎都分布在中国的沿海地区，例如上海、江苏的昆山和南通、大连、青岛、惠州等地。

在20世纪70年代左右，日本造纸企业的环保对策曾经存在着较大的漏洞。1970年的田子浦港淤泥公害问题就被认为是造纸工厂的排水所致，此后日本的造纸行业开始就环境改善措施进行了整顿。但近年来，包含王子造纸在内的部分造纸企业的环保丑闻又被曝了出来，造纸企业在环保对策上的做法再次引发了质疑。据了解，王子造纸集团旗下一间位于千叶县的工厂被查出在环境监测数据上作假。从2002年到2004年，该工厂总计对化学耗氧量、磷含量、氮含量等全部项目的大约6300处分析数据进行了篡改，并将报告提交至当地政府部门。其中，该工厂在化学耗氧量、浮游物含量、排水量上均已超标，但实际情况却被隐瞒。2004年到2007年间，王子造纸集团下的9家工厂排放的煤烟中，氮氧化物的含量超标，相关数据也曾经被篡改。2008年，包含王子制纸在内的多家造纸企业，在其产品的原料中所使用的非旧纸类资源的比率并未达标。按照相关要求，从环保角度出发，日本的纸类制品的原料当中是要含有一定比率的废旧纸类资源的，以加大对纸类资源的循环再利用。这样一家企业，在日本国内尚且如此，在中国会怎样呢？尽管这家企业多次表示并保证在各项指标上完全符合中国标准，但群众就是不相信。另一方面，政府有关部门的释疑解惑工作并没起到减轻群众疑虑的效果。实事求是地说，从引进这个项目开始，有关方面就十分重视做群众的思想工作，不仅听取各方面的意见，而且做了大量解释和引导。遗憾的是，群众就是不买账，思想上的疙瘩就是解不开。疑虑主要集中在两个方面，一是既然是达标排放，对环境生态没有实质性的影响，为什么这些企业的废水不能就近排入长江，而要耗费巨资，建设百余公里的管道，从启东排入大海？二是达标水排海，对启东的海洋环境和生态到底会产生什么影响，到底在多大程度上影响启东沿海群众的生产、生活？对此众说纷纭，莫衷一是。更何况此项工程对启东来说无利可图，而污染的可能和危险却是实实在在的。因此，启东的群众，包括启东绝大多数干部，在心里早就给这项工程下了"定义"。随着这项工程的推进，民意诉求越来越强烈，不仅到有关部门上访，而且，在"两会"期间，曾有市民写下血书，以表达对这项工程的强烈质疑和坚决反对。

4."7·28事件"发生前的情况和当地政府采取的应对措施。

事件发生前相当长的一段时间内，民意诉求已经十分强烈，上访、请愿已多次发生，小规模的集会亦已有之，网上的声音可以说相当强烈。及至7月25日，启东市民在网上发布消息，也有人此前散发传单，号召市民于28日举行大规模示威游行，境外媒体开始关注，事态越来越严重。为防止因信息不对称造成的市民聚集和围观，影响市民正常的生活秩序，启东市通过社区等基层组织向市民群众发出了一封公开信，并通过电视等告知相关消息，说明有关情况。

致全体市民的一封信

市民们：

和谐稳定的社会环境始终是发展之基、福祉所系。近年来，启东坚持以科学发展观总览全局，抢抓长三角一体化、江苏沿海开发两大国家战略叠加融合的历史机遇，全面放大崇启大桥竣工通车、吕泗大港加快开发的发展优势，牢固确立"领跑沿海、融入上海、包容四海"的战略地位，团结拼搏、开拓创新，保持了经济又快又好发展、社会和谐稳定的良好态势。

近段时期以来，市民高度关注"南通大型达标水排海基础设施工程"，体现了对家乡发展、环境保护的良好愿望。对大家围绕"南通大型达标水排海基础设施工程"提出的建议和意见，各级党委政府高度重视，正在进一步深入论证评估，暂停排海管道建设工程。

为了进一步畅通广大市民表达合法诉求的渠道，市政府专门设立信访接待组，听取市民群众的意见和建议。

维护和谐稳定的社会大局，是全体启东人民的共同责任。非法集会游行示威将危害全市经济社会发展的良好局面，危害社会公共安全，危害人民群众的正常生活秩序。希望广大市民知法守法，对非法的集会游行示威活动，自觉做到不组织、不支持、不参与、不围观。对极少数聚众扰乱社会秩序的违法犯罪人员，公安机关将坚决依法严惩。

实现启东经济社会科学发展、率先发展、和谐发展，需要和谐稳定的社会环境，需要百万人民的凝心聚力。全市上下必须倍加珍惜千载难逢的发展机遇，全力维护政通人和的发展环境，同心同德、真抓实干，推动全市经济社会又好又快发展，加快向率先基本实现现代化目标迈进！

然而，一切努力都未能阻止该事件的发生。

三 关于启东"7·28事件"的评论

1. 对启东"7·28群体性事件"的处理，舆论颇为正面。普遍认为，江苏启东市政府的温和处理方式避免了政府与民众的恶性对抗，为今后处理同类事件提供了有益的启示。较有代表性的是新浪新闻转载《钱江晚报》7月29日的一篇评论：启东事件，一场理性的双赢。

在此事件中，人们都看到了理性的力量。非常令人感怀的是，一张市领导被群众扒了衣服要求穿上反对污染的文化衫、而领导却笑着面对镜头的图片，大多数网民和舆论指责的，不是这位看似出了洋相的领导，而是一触即发的非理性行为。

启东事件，无论是当地政府，还是市民，都是赢家。一个衣服都能被市民扒下来、扒下来还能羞涩微笑的市领导,是启东市民之幸。官员与市民之间,无须通过装甲车、催泪弹,各自表达尊严,是社会之幸。它给了政府与市民,各自展现素质的机会,也给了世人一堂化解政府与市民之间矛盾的现场课。这堂课,没有输家。输了的,只是鼓励公民成为暴民的暴力赞美者。人们在这堂现场课中体会到,只要理性的决策者尊重理性民意,都能寻找到一条共同解决困难、问题和矛盾的出路。当下,因为维权导致政府与百姓之间冲突的案例日益增多。但启东事件以最快最理性的方式解决问题,除了市民保持了良好的素养外,市领导在突发情况下走进旋涡深处、尊重民众表达的姿态,起到了作用。当权力甚至领导者个人权威的尊严,与民众有尊严的生存发生冲突时,化解矛盾冲突的良药,不是所谓的官员处置突发事件的技巧,而是看你是否能真正读懂了民众的诉求,是否能在双方的尊严中,比较出哪个更轻,哪个更重。

启东事件以温和的方式收官。这起事件告诉我们,解决政府与民众之间的矛盾与冲突,政府和官员是主导的一方。关键还是要将矛盾与冲突,解决在决策之前。政府及官员的权力或者权威尊严,与民众生存的尊严,可以成为矛盾,也可以成为一致的追求。唯有理性,才有尊重。唯有尊重,才有尊严。在理性的民主面前,尊严,可以是一个矛盾双方双赢的结果。

2. 网络、媒体对该事件和类似事件的反思
(1) 政府的疏失不容回避

启东"7·28群体性事件"并不复杂,处理温和理性,政府在很短时间内平息了此次事件,值得肯定。事实上,正是由于民众的强烈抗议,南通市政府才宣布永久停止该项目实施,正是由于该项目永久停止,事态才得以平息。或许,这样温和的结局确实值得欣慰,尤其值得称道的是南通启东的领导在此次事件中始终保持了温和及理性。但仔

细想来，此次事件中政府的疏失不容回避。从起因看，该事件本可以防患于未然。该事件并非突发事件，有足够的时间了解情况，从容处理这中间到底是什么因素让事态变得越来越严重。从过程看，如果对事态的演变判断准确，尽早决定永久停止该项工程，而不是暂停，该事件的爆发便会避免。从结果看，该事件是否真正"双赢"？表面上，群众的诉求得到满足，政府也维持了社会秩序的稳定，但实际上，政府付出的代价是永久停止该项工程，由此造成的一切损失，谁来承担？政府的公信力也因此大大受损。就启东地方而言，对一项合法、合规的工程一味采取否定的态度，在达不到目的的情况下，采取极端的方式反映诉求，给国内外投资者带来什么影响？进而对本地的经济社会发展带来什么影响？如果从这一角度来评论此次事件，还能说是"双赢"吗？

(2) 政府与公民的良性互动

近年来，全国范围内由环保引发的群体冲突时有发生。值得注意的是，不少项目通过了环评，甚至是省里或国家确定的重点产业项目，南通的大型达标水排海工程就是如此。这表明，中国社会发展正进入一个特殊的环保敏感期，一方面，"发展中"这一现实国情还绕不开产业的梯度转移，一些工业项目也不可能做到"零污染"；另一方面，民众的环境意识与权利意识在迅速提升。环境利益冲突既是社会进步的体现，也成为发展转型的一种折射。（既要发展，又要环保，又不可能"零污染"，群众环保意识日益增强，政府处于左右为难的"夹心层"中。）有必要从这些新矛盾新问题中吸取教训。面对发展阶段的"环境敏感期"，地方在确实需要引入一些产业和项目时，是否尽了最大努力把环境风险降到最低？是否开展环境评估时也充分考虑了"社会风险评估"？选址、兴建与运营各环节是否做到了科学论证、公开透明、充分沟通，进而得到了大部分群众的支持？从这个意义上说，促进公民与政府的良性互动，固然需要公民理性表达诉求，更需要政府成为负责任的透明政府。除了环评上的民意沟通之外，其他制度化的通道，比如司法程序、人大监督、新闻监督乃至民众和平集会的权利，这些只要能保证部分畅通，就完全可以防止一些非理性事件的出现。

（3）环境保护与 GDP

近年来，中国经济发展的步伐令世界瞩目，但是，GDP 高速增长的背后，是生态环境为此付出了巨大代价。改革开放的三十多年，是中国经济大发展的三十多年，也是污染大跃进的三十多年。而且，往往是哪里先发展，哪里就先污染。中国经济从东部沿海地区开始发迹，污染也从那里开始。

为了保持 GDP 高增长，有的地方不惜大量消耗资源、恶化生态环境。在某些领导的心目中，只关注自己在任期间的 GDP，而不关心人民群众的生存环境。因为许多官员都明白，寻求大资本与大权力的"无缝隙链接"，以大项目为"抓手"，是瞬间推高 GDP 的"王道"。在他们看来，只要经济上去了，哪怕天上不飞鸟；只要赚到钱，哪管废了田；只要政绩秀，哪顾河水臭；只要元宝，不要环保。

这是因为对于地方政府而言，GDP 是第一位的，这是上级考核政绩的核心指标。正如郎咸平所说："地方政府会在乎污染吗？污染无所谓，来一个污染，GDP 就上升，污染能创造 GDP。如果污染搞坏了怎么办？就治理，这多好啊。所以，下任官员一上任就会发现 GDP 大幅度上升（治理污染也是 GDP，所以，官员不怕污染）。我们这么多年对于干部的考核，基本上是以 GDP 为纲，这是必然结果。"而对于不断涌现的很多污染事件，很多时候，只有等到群众使用暴力方式进行群体抗议，政府才不得不重视和处理，因为事件一旦闹大，很可能威胁到头上的"乌纱帽"。

现在大家都知道，地方政府疯狂追求 GDP，即使在一个又一个重大环境污染事件爆发出来的情况下，即使社会舆论对带血的 GDP 不断围剿的情况下，地方政府都很难遏制片面追究经济发展效益而不顾资源环境的冲动。为什么？人家政绩考试里没有这一项，或者这环保一道题只是附加题而不是必答题。因为，政绩是靠上级来考核的，好坏是由上级来定的，"乌纱帽"当然也是上级给的。

他们考虑的是GDP的数字,而从不去算算牺牲环境和资源产生的GDP究竟有多大的价值。中国政府也早就意识到了这一点,说政府一点儿都不关心环境,显然有违事实。从全国"两会"到地方大小会议,环保问题俨然是热门话题。这是政府屡表决心的一个地方,政府一再承诺要"转变增长方式"、要"节能减排",但似乎也是政府言行不一的地方,往往说的比做的多,甚至说一套做一套。因为对于地方政府来说,污染企业的经济贡献已经在地方GDP和政府政绩中占有了相当的分量,如此一来,污染企业便和地方政府的经济命脉绑缚在了一起。污染企业交出地税与GDP数字,政府则提供权力庇护。作为环保部门,则主要在环保监督方面提供扇扇畅通无阻的大门。

(4) 环境纠纷"街头裁决"还是法庭解决

10月26日,在全国人大专题讲座上,中国环境科学学会副理事长杨朝飞称:自1996年以来,环境群体性事件一直保持年均29%的增速;但真正通过司法诉讼渠道解决的环境纠纷不足1%。环境问题之严重和环境群体性事件的激增,都是不容回避的真问题。今年7月间,四川什邡、江苏启东相继发生了因环境而引发的群体事件。

《人民日报》评论启东事件时,使用了"环境敏感期的新考题"的说法。对此,解决之道包括完善环境立法、重点项目环评的听证制度;探索社区环境圆桌对话机制,而司法作为纠纷的终极解决手段,能避免矛盾久拖不决;法院作为超然于当事各方的中立机构,有助于绝缘官民之间的直接冲突。但长期来,司法在解决环境问题中的作用并不大。

一方面,是环保法制仍不完善,环境诉讼困难重重。比如法定环境污染赔偿标准低,环境的修复成本无法索赔;举证难;严格限制起诉主体,使得很多公益诉讼难以启动。云南玉溪等地虽设立了环境法庭,却面临着无案可审的困境。

另一方面,是个别地方法院受制于地方利益,当诉讼涉及关乎当地经济的大项目时,就认为"敏感",拒不立案,将矛盾推上大街。而在香港，66岁老太朱绮华对于在建的港珠澳大桥提出司法复核，认为大桥建设没有评估臭氧、二氧化硫及悬浮微粒的影响，法院接受了这一理由，于是叫停了这个价值700亿的工程。

不是说所有"叫停"都是对的，而是司法诉讼给了公民对有巨大环境影响的建设项目一个便捷、有效的表达渠道。同时，司法解决也避免了所谓"政府屈从民意"的问题，维护了相关企业的合法利益。在法庭上，双方举证质证，专家当庭作证，接受交叉盘问，建设项目的真实环境影响，通过双方真刀真枪的辩论展现在公众面前，公众才能全面认清项目的利弊得失，避免民意受到"传言"误导。同时，司法解决也避免政府为企业背书，既可防止腐败问题，也不会把政府推向矛盾一线。

"公众参与是解决环境问题不可替代的力量"，这个共识正在形成。2009年，最高人民法院在《关于依法保护行政诉讼当事人诉权的意见》中坦率地说："只有畅通行政诉讼渠道，才能引导人民群众以理性合法的方式表达利益诉求，最大限度地减少社会不和谐因素，增进人民群众与政府之间的理解与信任。诉讼渠道不畅，必然导致上访增多，非理性行为加剧。"这一次，杨朝飞在全国人大常委会所作的报告，也是关于建立环境公益诉讼制度，制定环境损害赔偿法，就是方便公众通过诉讼维权，让那99%的人回到法庭上解决问题。

什邡、启东的教训不远，多在司法渠道中解决环境纠纷问题，这是符合公民、企业和政府各方利益的矛盾解决方式。

后　记

本书是在王庆五教授主持的2011年江苏省高校哲学社会科学研究重大项目《江苏现代化转型中民主政治发展与政治稳定关系研究》的基础上，结合党的十八大以及十八届三中、四中全会精神综合而成。本研究立足于江苏改革开放以来中国特色社会主义在江苏的成功实践，结合江苏现代化建设实践来考察民主政治发展与政治稳定的良性互动关系。在调研中放眼全省，尤其是选择了苏南（苏州：主要是通过与苏州市委党校的合作调研）、苏中（南通：主要是通过与南通市委党校的合作调研）、苏北（淮安：主要是通过与淮安市委党校的合作调研）三个地区作为重点调研对象，充分研究目前影响政治稳定的危机事件中不同主体的心理倾向与行为选择，进行归类和甄别。总结江苏在现代化进程中推进政治发展，实现政治稳定的经验。江苏属于发达地区，在以往的现代化进程中政治发展对于江苏的快速发展和实现"两个率先"起着极为重要的作用，总结江苏在现代化进程中推进政治发展，实现政治稳定的经验，在全国来说具有一定的示范和导向作用。这一课题的研究对于推进制度创新，建立中国特色的社会稳定机制，将政治发展和政治稳定统一于中国特色社会主义事业的伟大实践之中，有着重要的实践价值。本课题得到了教育厅殷祥文副厅长和教育厅社会科学研究与思想政治教育处汪国培处长的关心和指导，在此表示衷心感谢！

本研究由主持人王庆五教授提出总体研究思路，负责课题设计、实

后　记

证分析和理论论证，王金水参与了全书设计和统稿。课题组成员由徐民华、王金水、陈蔚、曹达全、陈传善、布成良、沈在宏、沈卫中、邬才生、陈朋、余长水、周海生等专家学者组成，各自分工完成相关章节的写作。